Inhalt

1 FISCHOTTER UND TEUFELSWALD
Radtour im Naturschutzgebiet Zarth 5

2 BUDDHISTISCHES GEBÄCK AN DER EISZEITRINNE
Radtour am Beetzsee 12

3 STÖRCHE, STRÄNDE UND „BRANDENBURGS BIG BEN"
Radtour durch die Prignitz 20

4 DAS HIDDENSEE VON BRANDENBURG
Radtour über die Insel Töplitz............................. 30

5 STERNSTUNDEN IM HAVELLAND
Radtour von Friesack nach Rhinow........................... 39

6 SEEN-HOPPING IN TELTOW-FLÄMING
Radtour für Badefans 46

7 WALDBADEN MIT FONTANE
Radtour durch die Ruppiner Schweiz 53

8 WO DER WEIHNACHTSMANN WOHNT
Radtour nach Himmelpfort................................... 62

9 UNTERWEGS ZWISCHEN DEN WELTEN
Radtour in den Spreewald................................... 69

10 BRUSCHETTA, BAUERNFRÜHSTÜCK UND BERGETAPPE
Radtour durchs Havelland................................... 76

11 IM LAND DER OASEN UND WANDERDÜNEN
Radtour auf der Fläming-Skate.............................. 83

12 ZWISCHEN BURG UND TAL
Radtour rund um Bad Belzig................................. 89

13 SCHLEMMERTOUR UND ALPENGLÜHEN
Radtour rund um Werder (Havel)............................. 96

14 AUF SCHMUGGLERPFADEN
Mit dem Rad von Wittstock an die Müritz 105

IMPRESSUM

© Lars Sittig, Pasteurstraße 10, 14482 Potsdam
E-Mail: larssittig@hotmail.com

2. Auflage 2021
ISBN 978-3-9822679-0-6

Alle Rechte der Verbreitung, auch durch Funk, Fernsehen, fotomechanische Wiedergabe, Einspeicherung in EDV-Anlagen, Tonträger jeder Art und auszugsweisen Nachdruck sind vorbehalten.

Umschlaggestaltung: Julius Frick, Aiveo, Ivo Olias
Fotos: Lars Sittig
Layout und Satz: Martin Popp
Druck: PinguinDruck

LARS SITTIG

Landpartie mit Lars

Die Kolumnen der
Märkischen Allgemeinen Zeitung

VORWORT

Liebe Leserinnen und Leser, liebe Radfreunde,

ich bin in den vergangenen Monaten oft gefragt worden, ob es die Kolumnen „Landpartie mit Lars" in der Märkischen Allgemeinen Zeitung (MAZ) nicht als Gesamtausgabe geben könnte, als handlichen Tourbegleiter auf den Radtouren durch das Land Brandenburg. Im Dezember 2020 war es soweit – nun erscheint die zweite, überarbeitete Auflage: Auf 114 statt bisher 104 Seiten gibt es die ungekürzten, deutlich längeren Online-Versionen der Kolumnen, Kartenmaterial, einen Schnellcheck der Strecken mit ausführlichen Wegbeschreibungen, Geheimtipps und Bildergalerien. Unterwegs wartet ganz viel Brandenburg: Es gibt Sternstunden im Horst-Krause-Land, geht in das brandenburgische Amsterdam und zur Außenstelle des Weihnachtsmannes, über Hochebenen, in märkische Canyons und auf die Gipfel der Mark. Manch eine Landpartie ist recht lang, etwas anspruchsvoller, manchmal holpert es etwas, es gibt Steigungen und Abfahrten – aber wenn man sich ein wenig mehr Zeit nimmt und die Touren eventuell individuell etwas anpasst, sind alle Ausflüge auch für ältere Menschen und Kinder geeignet.

Ich bin auch gefragt worden, welche Tour die schönste war. Die Antwort ist einfach: Jeder Ausflug war etwas ganz Besonderes und in dem Moment, in dem ich sie gefahren bin, die schönste Landpartie. Ich hoffe, es geht Ihnen genauso – viel Spaß beim Entdecken ganz besonderer Orte des Landes Brandenburg.

Ihr Lars Sittig

Alle Rad-Tipps sind zuerst im MAZ-Newsletter „Raus aufs Land" und die Kolumnen auf www.maz-online.de erschienen.
Unter der Adresse https://freizeit-newsletter.maz-online.de können Sie sich kostenlos dafür anmelden und so auch in Zukunft die schönsten Ausflugstipps für die Region und die Landpartien in der Radsaison 2021 erhalten. Die GPX-Daten aller Touren gibt es auf dem Profil der Märkischen Allgemeinen Zeitung beim Routenplaner Komoot.

Fischotter und Teufelswald

Radtour im Naturschutzgebiet Zarth

Bei dieser zweistündigen Rundfahrt in Treuenbrietzen zeigt sich Brandenburg von seiner wilden Seite: Die Moorlandschaft im Naturschutzgebiet Zarth gehört zu einem der ungezähmtesten märkischen Biotope. Badestopp und Panoramablick inklusive.

Plötzlich ist er da, der Zarth. Wie durch eine Schleuse sind wir durch die Eingangspforte in eine vollkommen andere Vegetationszone getreten, aber der Name will nicht so recht zum Programm passen: Zart ist es hier nicht, sondern wild und urwüchsig. Viel zutreffender ist Teufelswald, wie der Volksmund sagt. Die Überreste gewaltiger, zersplitterter Bäume vermodern in sumpfigem Wasser, während marode Rümpfe gleich nebenan gegen jedes physikalische Gesetz noch das Gleichgewicht halten. Urwaldfeeling stellt sich ein, auch wegen der Geräuschkulisse: Es zwitschert und krächzt, als habe jemand fünf Vogelstimmen-Schallplatten auf einmal aufgelegt.

Das Naturschutzgebiet Zarth ist das erste Highlight auf diesem Rundkurs um Treuenbrietzen im Fläming. Zwei Kilometer lang zeigt Brandenburg auf gut befahrbarem Untergrund seine wildeste Seite. Es ist zwar keine europäische Sumpfschildkröte zu sehen, aber die ist sowieso schon sehr lange nicht mehr gesichtet worden, hat mir Eberhard Schneider vom Vogelschutz-Komitee, das den Zarth verwaltet, vorab per Mail erklärt. Dafür sind Nutria und Biber dazugekommen. Es lässt sich aber auch von den beiden niemand sehen: Macht nichts, ohnehin rechnet man hier eher mit einem Sumpfsaurier, Freddy Krüger oder wenigstens einem Alligator. Hier, in einem Land vor unserer Zeit, in dem die Natur die Regentschaft übernommen hat und zeigt, was sie für einen gestalterischen Coup landet, wenn man sie nur lässt.

Es ist alles irgendwie eine Nummer größer: Auf dem Mittelstreifen des Waldweges reichen die Gräser bis zur Brust. Unzählige umgestürzte Bäume später verlassen wir die wilde Welt wieder, die Sonnenstrahlen blinzeln ein letztes Mal durch die dichten Baumkronen, wenig bald schon lugen die Dächer von Bardenitz am Horizont durch Büsche und Wiesen.

Zurück in der Zivilisation, mit Handyempfang. Zwei Nachrichten trillern, aber ich schaue nicht nach. Heute ist frei, es geht raus aufs Land, ins Brandenburgische. Am Feldrain schimmern Mohn- und Kornblumen, das Korn wogt im Takt beim Karneval der Kulturen. In zwei Hofläden werden die Satteltaschen gefüllt, auch für die kommenden Tage – aber natürlich erst einmal für das Picknick auf dem Keilberg, der seinen Gipfel schon am Horizont aus der Landschaft reckt. Ich schaue in die Bardenitzer Kirche, es riecht nach Geschichte, rolle kurz darauf durch das Dorf Pechüle und denke darüber nach, was es eigentlich ist, das mich immer wieder von der Couch in den Sattel hievt. Der Tapetenwechsel, klar. Frische Luft, weites Land, über Nebenstraßen treiben, auf denen man das Gefühl hat, der Erste und Letzte zu sein.

Auf dieser Tour rund um den Zarth sind es aber auch die Extreme, mit einer Sehenswürdigkeitendichte wie in London: Urwaldatmosphäre im Zarth, dann eine uralte Kirche in Pechüle, eines der ältesten Backstein-Gebäude des Flämings. Und nun, ein paar hundert Meter weiter, riecht es nach Kiefernwald, nach Kindheit und dem typischen brandenburgischen Sommer – und wieder stark nach Historie. Am Eingang des früheren Truppenübungsplatzes Jüterbog stehen Infotafeln. Man kann dort lesen, dass die heutigen Stiftungsflächen von 1864 bis 1992 militärisch genutzt wurden, seit einiger Zeit soll auch hier die Natur das Kommando übernehmen. Im Wald gibt es ein Hinweisschild mit dem Titel „der Wolf kehrt zurück". Mit seinem Comeback wurde auch das Wolfsmanagement eingeführt, als hätten die wilden Tiere jetzt einen Promoter mit Instagram-Auftritt und Visitenkarten. Schnaufend und mein Rad schiebend erobere ich den Keilberg. Ein paar Wegstücke sind recht sandig, außerdem können auch 108 Meter ganz schön hoch sein, wenn die Umgebung nur flach genug ist, wenn das Relief stimmt.

Und das tut es oben beim Panoramablick: Die Landschaft breitet sich aus wie eine Art märkischer Monet. Der Fernsehturm in Wannsee hebt sich gut sichtbar vom Horizont ab, bei guter Sicht funkelt die Kugel des Berliner Fernsehturmes in der Sonne – wie ein Einheimischer erklärt, dann kann man quasi in die Kugel schauen. Picknickzeit. Pause. Der Wind rauscht. Durchpusten, kauen, genießen und in die Ferne schauen. Schon das allein war die Tour wert. Es geht wieder abwärts, durch den Wald und über die Stiftungsflächen Richtung Felgentreu. Der Aussichtsturm am Hubertusbrunnen sieht aus, als habe man ihn hier zwischengelagert und vergessen abzuholen, aber vermutlich gehört er einfach zum Ensemble mit Gruppenrastplatz und Schutzhütte.

Eine weitere Infotafel erinnert etwas später an Mehlsdorf, das dem Militär weichen musste. Eine Schafherde drängt sich Fell an Fell unter den Schatten eines Baumes, lauf kläffend bewacht von Hütehunden. In Felgentreu nehme ich die Schlussetappe in Angriff und radele am Rande des Wegenetzes Treuenbrietzen entgegen. Es wird am Fuße des Berges dann noch einmal sumpfig, Reiher landen und starten auf einem Torfstich. In Bardenitz biege ich auf einen asphaltierten Radweg, der am Rande des Naturschutzgebiet Zarth Richtung Sabinchenstadt führt. Von hier sieht es aus wie ein ganz normales Waldstück, das zwischen Feldern seine Nische gefunden hat. Der Zug ist gerade abgefahren nach Potsdam, das verschafft mir fast zwei Stunden Zeit, um den Badesee direkt am Bahnhof Treuenbrietzen und die historische Innenstadt zu erkunden, mich abzukühlen und in der Abendsonne die Reste des Proviantes zu essen. Die Regionalbahn rollt zurück in die urbane Zone. Am Abend sortiere ich die Bilder der Tour, sichte Fotos und Videos. Da ist er plötzlich wieder da, der Zarth. Das Land vor unserer Zeit.

DIE ROUTE

Radtour Zarth und Keilberg

Felgentreu
Keilberg
Pechüle
Bardenitz
NSG Zarth
Treuenbrietzen
B 102
B 2

0 1 2 km

Karte: Stepmap, MAZ-Grafik: Scheerbarth

Keilberg, Stiftungsflächen Jüterbog

Baggersee Treuenbrietzen

START- UND ZIELPUNKT: Die Tour startet und endet am Bahnhof Treuenbrietzen, der von Potsdam oder Berlin mit der Regionalbahn direkt und schnell erreicht werden kann.

SCHWIERIGKEITSGRAD: Es gibt eine nennenswerte Steigung auf der Strecke – den Keilberg. Der Anstieg ist aber auch für nichttrainierte Radfahrer zu bewältigen. Die wunderbare Aussicht samt Picknicktisch entschädigt für die Mühen. Weite Teile der Tour, die für dünne Reifen nicht geeignet ist, bestehen aus gut befahrbarem natürlichen Untergrund oder sogar Asphalt. Achtung: ein paar kleine Teilstücke rund um den Keilberg sind recht sandig. Ein großes Plus: Es müssen außerhalb der Ortschaften keine Autostraßen benutzt werden.

LÄNGE: 30 Kilometer (Fahrtzeit rund zwei Stunden, es ist aber mit einer längeren Verweildauer zu rechnen.) Einzelabschnitte: Bahnhof Treuenbrietzen – Zarth – Bardenitz – Pechüle – Keilberg – Stiftungsflächen – Felgentreu – Pechüle – Bardenitz – Treuenbrietzen

DIE ROUTE: Die Strecke führt vom Bahnhof Treuenbrietzen durch den Urwald des Naturschutzgebietes Zarth nach Bardenitz. Hier gibt es einen Hofladen und eine Wildfleischerei, allerdings keinen Imbiss und keinen Brotverkauf. Es empfiehlt sich, ein Picknick vorzubereiten und mit Spezialitäten vor Ort zu verfeinern. Anschließend geht es über Pechüle auf den Keilberg mit Rastplatz und Panoramablick und von dort über den früheren Truppenübungsplatz mit spannenden Infotafeln und einem Aussichtsturm nach Felgentreu (hier dem ausgeschilderten Weg Bardenitz–Felgentreu folgen). Die Route zurück führt am Rande der Stiftungsflächen entlang, durch Bardenitz und auf einem asphaltierten Radweg des Zarth nach Treuenbrietzen.

SEHENSWÜRDIGKEITEN: Die Strecke bietet die naturbelassene Schönheit der Landschaft, zudem zahlreiche Sehenswürdigkeiten. Zu den Highlights gehört Treuenbrietzens mittelalterliche Innenstadt mit ehrwürdigen, alten Gebäuden wie dem „Gildenhaus", der Kirche St. Marien mit Lutherlinde, einem Wasser- und Pulverturm, der Stadtmauer und dem Stadtpark. Die Dorfkirche in Pechüle ist der älteste Backsteinbau des Flämings mit einem romanischen Kirchenschiff aus dem 13. Jahrhundert. Für die einzigartige Flora und Fauna im Flachmoor Zarth sollte man sich Zeit nehmen und beispielsweise die Vogelwelt beobachten. Mit etwas Glück sieht man Kraniche, Bekassinen, rote Milane und Schwarzstörche. Auf dem ehemaligen Truppenübungsplatz sind spannende Infotafeln installiert. Unterwegs kann der Radler vielerorts liebevoll gestaltete Dorfteiche, Rastplätze oder den verwitterten Charme manch alter Häuserfassade entdecken.

EINKEHRMÖGLICHKEITEN: In Treuenbrietzen findet man Restaurants, Gaststätten und Imbissmöglichkeiten.

BADEMÖGLICHKEITEN: Nahe des Bahnhofs Treuenbrietzen liegt der Baggersee, ein Badesee mit vielen idyllischen Ecken, außerdem verfügt die Stadt über ein Freibad.

MAZ-TIPP: Auf dem Keilberg picknicken und Badesachen einpacken. Zum Abschluss im See am Bahnhof Treuenbrietzen abkühlen.

Buddhistisches Gebäck an der Eiszeitrinne

Radtour am Beetzsee

Diese Tour auf dem Storchenradweg im Havelland kann man in einer 34- oder 53-Kilometer-Variante fahren. Es locken die Sehenswürdigkeiten von Brandenburg an der Havel, herrlicher Kuchen, ein Panoramablick und eine idyllische Badestelle.

Als der große Moment gekommen ist, beginnt es zu regnen. Kein Platzregen, aber ein solider Schauer und es hilft nichts, wir müssen erst einmal umziehen, bevor das provozierend duftende Paket ausgepackt werden kann. Von den Stufen zum Kirchhof in Päwesin geht es unter einen Baum, während die Regentropfen und das Wasser im Mund um die Wette plätschern. Aber dann, mit etwas Genussverzögerung, greife ich nach dem ersten Stück Kuchen aus der berühmten Bäckerei Backwahn der buddhistischen Klosterschule. Apfelkuchen Gitter. Die Geschmacksnerven machen einen Looping, dann noch einen, und als sich die Aromenexplosion des ersten Bissens langsam dem Ende zuneigt, zieht von irgendwoher eine Marzipannote auf – jedenfalls deute ich die so – und es geht noch mal von vorne los.

Wenn hier im Südwesten des Havellandes die Geschichte von Adam und Eva aufgeführt werden müsste, dann wäre das Corpus delicti kein Apfel, sondern ein Stück Kuchen aus dem Backwahn, vor dem sich wie immer eine Schlange gebildet hat, was ja auch irgendwie zur Paradies-Geschichte passt. Es riecht nach Sommer. Nach Regen, der den warmen Staub gebunden hat, und natürlich nach Kuchen unter dem Blätterdach, eine Art natürlicher Päwesiner Pavillon. Ein Moment zum Genießen, in jeder Hinsicht, dann radeln wir weiter nach Bagow, das nur ein paar ordentliche Tritte in die Pedalen entfernt ist, und essen noch weitere Kuchenstücke auf einem Rastplatz oben auf dem Mühlenberg.

Etwa die Hälfte der Tour an der Beetzsee-Rinne ist geschafft, der Zwischenstopp auf dem idyllischen Gipfel ist also auch eine Art Bergfest. Nach Stück Nummer vier, alle sind Volltreffer für kleines Geld, ist erst mal Schluss mit Gebäck. Ich bin kein Kuchenfan, aber bei der Blaubeer-Käse-Torte wird mir klar, woher der Spruch „das muss man sich auf der Zunge zergehen lassen" kommt. Das Havelland ergießt sich beim Panoramablick vom Mühlenberg, dem mit 59 Metern höchsten Punkt der Tour, bis zum Horizont, an dem auch Brandenburg an der Havel liegt, wo die Landpartie begonnen hat. Die Stadt ist im Zuge der Bundesgartenschau aufgeblüht wie eine Blumenrabatte in der Frühlingssonne und verbreitet eine Menge Glanz: Viel Wasser, viel Grün, viel Historie, prächtige Bauten. Und eine Eisdiele, an der wir erst mal nicht vorbeikommen. So viel Zeit muss sein, man will die Orte der Tour ja spüren und schmecken, sich keine Waffel machen, sondern eine gönnen, nicht durchrasen und Kilometer fressen, wie in einer dieser Reklamen für Hometrainer.

Zu den aberwitzigsten Erfindungen des Menschen gehört es doch, sich auf einem Hometrainer abzustrampeln, statt mit dem Fahrrad durch die frische Luft zu fahren und es als CO_2-freundliches und gesundes Transportmittel zu nutzen. Als wir dann – einige Eiskugeln, einen Zwischenstopp am Dom und einen Bedarfshalt beim Fischer später – loskommen, steht die Sonne schon deutlich höher am Himmel, als ursprünglich geplant, aber wir würden es jederzeit wieder so machen. Wir lassen uns auf dem Storchenradweg durch das Land treiben. Auf einer Infotafel über die Störche ist zu lesen, dass es irgendwann mal zu Horststreitigkeiten gekommen ist, aber mir ist nicht ganz klar, ob der Mensch daran beteiligt war und es vielleicht um die Eigentumsverhältnisse ging, oder ob die Störche untereinander Ärger hatten.

In Mötzow biegen wir kurz hinter dem Domstiftsgut links ab auf einen Feld- und Wiesenweg, der phasenweise holpert, Brandenburg unplugged. Eigentlich wollten wir an einer FKK-Badestelle in den Beetzsee springen, aber direkt am Ufer ankert ein Hausboot. Die Mannschaft hat es sich gemütlich gemacht mit Blick auf den kleinen, malerischen Strand, und irgendwie ist uns angesichts dieser Beobachtung nicht mehr nach Freikörperkultur.

Wir schlängeln uns weiter durch das Land, immer in der Nähe der eiszeitlichen Gewässerkette, die zum Naturpark Westhavelland gehört. Ein Heimatfilm, der bei jeder Oscar-Verleihung für Heimatfilme großflächig abräumen würde, zieht vorüber: Wild umwucherte Erdelöcher, wogendes Korn, das Mohn- und Kornblumen in Szene setzt, Dorfkirchen, urwüchsiger Wald, Biotope und eine märkische Allee – allerdings nicht autofrei, wenn auch mäßig befahren. Der Himmel strahlt blau, garniert mit weißen Wolkenbergen und Raubvögeln. „Oh, wie schön ist Brandenburg" müsste der märkische Blockbuster heißen, der auf jedem Fahrrad-Filmfestival Publikum und Jury in Ekstase versetzen würde.

Und nun also ist Halbzeitpause auf dem Mühlenberg. Ich schalte die GPS-Aufzeichnung der Tour aus, weil wir wie eigentlich immer bei den Touren in der Region übernachten, aber der Zickzack im Quartier wäre genauso überflüssig wie irreführend. 1:55 Stunden beträgt laut Navigations-App Komoot bis hierher die Fahrzeit, exakt 23 Kilometer bei einer Durchschnittsgeschwindigkeit von 12,0 km/h haben wir zurückgelegt. Ehrlich gesagt war ich mir im ersten Moment nicht ganz sicher, ob eine Radtour mit Handy in der Hand wirklich dem Naturerlebnis genug Raum lässt – aber man kann es auch andersherum sehen: Bei den Wegen der Landpartie, die ja von den offiziellen Routen mit Zertifikat und Beschilderung ruhig abweichen können, ist der Spielraum wesentlich größer.

Der Weg nach Päwesin ist ziemlich einfach zu finden, er führt durch Felder und dann schnurstracks auf einem Plattenweg zum Backwahn. Am nächsten Morgen liegt der obere Beetzsee still in der Morgensonne, der Tag erwacht sanft, dann knattert ein Hausboot durch das Bild.

In Bagow beginnt Teil zwei der Tour, die sich in der XXL-Variante der MAZ auf insgesamt knapp 53 Kilometer beläuft, aber auch deutlich verkürzen lässt, vorbei an Vogelsang, einem Vorwerk und durch einen Wald zum Bagower Bruch, einem idyllischen See, um den ein Naturlehrpfad führt. Ein neues Duftelement macht sich bemerkbar auf einem Teilstück mit Rasenuntergrund vor Gortz: Holunder. Hinter dem Dorf geht es dann über einen ebenso schönen wie sandigen Weg (man kann aber auch auf der Landstraße bleiben) über einen Berg weiter. Ständige Begleiter sind Klatschmohnpflanzen, die offenbar so heißen, weil man bei ihrem Anblick spontan applaudieren möchte. Die Balanceversuche im Sattel erinnern bald an Rodeo-Reiten und wir lassen es, schieben und genießen den Ausblick auf ein gewaltiges Kornblumenfeld und die stattliche, bestens erhaltene Bockwindmühle in Ketzür. An einer Kreuzung in der kleinen Ortschaft gibt es einen Versorgungspunkt mit Obst und Getränken.

Die Stadt Brandenburg rückt nun schnell näher, der Storchenradweg, auf dem wir jetzt fahren, ist gut ausgebaut und verläuft nicht entlang einer Straße, sondern auf einer eigenen Route. Eine Lore erinnert an den Kiesabbau in Butzow, dort, wo früher die Bergwerkswagen rumpelten, rollen jetzt Ströme von Fahrrädern über glatten Asphalt, denn der Weg ist gut besucht, hier, kurz vor Brandenburg.

Zurück in der Havelstadt, einer Mischung aus Start- und Zielbereich und Schlemmermeile, gönnen wir uns eine Portion Spaghetti, groß wie der Bagower Mühlenberg, und noch einen Spaziergang für die nächsten wirklich brandenburgischen Momente im Leben.

Bockwindmühle Ketzür

START- UND ZIELPUNKT: Los geht es am Bahnhof in Brandenburg an der Havel, der mit der Regionalbahn schnell erreicht werden kann. Die Fahrtzeit von Potsdam-Hauptbahnhof beträgt mit der schnelleren Zugvariante lediglich 19 Minuten.

SCHWIERIGKEITSGRAD: Auf der Strecke liegen keine nennenswerten Steigungen – lediglich der Aufstieg zum Bagower Mühlenberg und die Schiebestrecke mit etwas Anstieg hinter Gortz, dafür aber einige Wald-, Wiesen- und Feldwege, die jedoch mit normalen Tourenfahrrädern mit nicht zu dünnen Reifen problemlos befahren werden können. Die Routenvarianten können individuell ausgewählt werden. Ein kleiner Wermutstropfen: Zwischen Mötzow und Lünow muss für ein Teilstück eine Landstraße genutzt werden – allerdings war sie nur mäßig von Autos befahren.

LÄNGE: 34 Kilometer (wenn man der offiziellen Route des Storchenradweges folgt, Fahrtzeit gut zwei Stunden) bis 53 Kilometer (MAZ-XXL-Version, rund vier Stunden) Einzelabschnitte: Bahnhof Brandenburg – Mötzow – FKK-Badestelle – Grabow – Lünow – Päwesin – Mühlenberg Bagow – Vogelsang – Bagower Bruch – Gortz – Bockwindmühle Ketzür – Butzow – Radewege – Brielow – Bahnhof Brandenburg
Man kann unkompliziert Teilstücke der großen Runde auslassen und auf der offiziellen Route des Storchenradweges bleiben oder kurzzeitig Landstraßen benutzen. Die MAZ-Landpartie umgeht aber Abschnitte mit Autoverkehr an mehreren Stellen.

DIE ROUTE: Die Strecke führt vom Bahnhof Brandenburg durch die Stadt auf einem straßenbegleitenden asphaltierten Radweg nach Mötzow und von dort auf Feld- und Waldwegen weiter. Es folgt ein Abschnitt auf einer mäßig befahrenen Landstraße bis Lünow. Hier kann die Tour deutlich verkürzt werden, wenn man dem Storchenradweg auf das andere Ufer des Sees folgt und zurück Richtung Brandenburg weiterfährt. Auf der MAZ-Route geht es auf unbefestigtem, aber gut befahrbarem Untergrund nach Päwesin und von dort weiter auf einem Stück Landstraße nach Bagow auf den Mühlenberg. Nach einem Teilstück über Wald- und Wiesenwege, auf denen es stellenweise etwas holpert, kommt hinter Gortz eine Schiebestrecke – viel Sand, aber auch eine sehr schöne Aussicht. Wem das zu viel ist, der kann einfach von Gortz auf der Landstraße ins nahegelegene Ketzür radeln. Von dort geht es auf dem gut ausgebauten Storchenradweg zurück nach Brandenburg und zum Bahnhof.

SEHENSWÜRDIGKEITEN: Brandenburg an der Havel ist gespickt mit Sehenswürdigkeiten wie der Dominsel, den Backsteinkirchen St. Gotthardt und St. Katharinen, dem Rathaus mit dem Roland und vielen anderen historisch interessanten Bauwerken. Hinter den Toren der Stadt im ländlichen Teil warten besondere Orte wie Päwesin mit einer Barockkirche, der Mühlenberg mit Panoramablick weit in das Havelland, das Naturschutzgebiet Bagower Bruch mit einem idyllischen See, Bagow mit einer Jugendstil-Kirche oder Ketzür mit seiner markanten Bockwindmühle.

EINKEHRMÖGLICHKEITEN: Es gibt hin und wieder Einkehrmöglichkeiten, beispielsweise im Domstiftsgut in Mötzow und in Radewege. In Brandenburg an der Havel kann man zwischen Restaurants, Gaststätten und Imbissmöglichkeiten auswählen.

SCHNELL-CHECK

BADEMÖGLICHKEITEN: Hinter Mötzow stößt man auf eine sehr schöne FKK-Badestelle. Am Ufer des Beetzsees einfach die Augen offenhalten nach geeigneten Einstiegsstellen.

MAZ-TIPP: Kuchen in der Bäckerei Backwahn in Päwesin kaufen und auf dem Bagower Mühlenberg gleich um die Ecke auf einem Picknicktisch mit herrlicher Aussicht genießen.

Karte: Stepmap, MAZ-Grafik: Scheerbarth

Bäckerei Backwahn
Päwesin

Störche, Strände und „Brandenburgs Big Ben"

Radtour durch die Prignitz

Die Strecke führt vom Bahnhof Bad Wilsnack über das Storchendorf Rühstädt auf dem Elberadweg nach Wittenberge – vorbei an Mammutbäumen, idyllischen Elbauen und dem größten freistehenden Uhrenturm auf dem europäischen Festland.

Wann genau der Mammutbaum nach Rühstädt gekommen ist, kann nicht einmal Torsten Foelsch sagen. „So um 1855, aber das exakte Datum ist nicht mehr bekannt", sagt der Herr des Schlosses Rühstädt und schüttelt bedauernd mit dem Kopf, hinter dem sich die gewaltige olivgrüne Baumkrone in den Himmel spannt. „Er war aber auf jeden Fall einer der ersten Bäume, die aus Übersee nach Deutschland eingeführt worden sind." Die Faktenlage ist an diesem Punkt etwas spärlich, ganz im Gegensatz zu diesem Prachtexemplar, das die Silhouette des Dorfes deutlich überragt. Das Schöne ist, dass man dem Riesen von Rühstädt sein ungefähres Alter durchaus ansieht – bei Bäumen ist es wie bei Menschen: Sie entfalten mit dem Alter eine ganz besondere Aura. Der Schlosspark im bekannten Storchendorf, in dem es aus unzähligen Horsten klappert, ist der erste Zwischenstopp auf unserer rund 50 Kilometer langen Landpartie durch die Westprignitz.

Wir sind schon am Freitagabend angereist, wie eigentlich immer, wenn es in das weite Grenzland im hohen Norden Brandenburgs geht. Wir sitzen in der lauen Sommerluft auf den Stufen der Bahnhofstreppe in Bad Wilsnack und läuten mit einem Glas Wein das Wochenende ein. Ein Pärchen aus Niedersachsen, das ebenfalls durch das Land radelt, gesellt sich dazu. Es geht um den Soli und Sattelgeschichten, dann ist der Wein alle, aber der Gesprächsstoff noch lange nicht, und die Tankstelle inzwischen zu. Eine nette Bad Wilsnackerin hilft aus und lehnt partout jeden Obolus für die Getränkekasse ab. Mit einer Flasche Weißwein, die bei so viel Gastfreundschaft noch besser schmeckt, geht es in die Verlängerung auf den Stufen der Bahnhofstreppe. Es wird einer der Abende, von denen man später sagt: Weißt du noch, damals in Bad Wilsnack?

Am nächsten Morgen erreichen wir nach wenigen Metern die erste große Sehenswürdigkeit in Bad Wilsnack, die Wunderblutkirche St. Nikolai: Eine gewaltige mittelalterliche Wallfahrtskirche mit einer spannenden Geschichte um Bluthostien und Pilger.

Anschließend rollen wir auf einer kleinen Asphaltstraße über eine flache Ebene. Weite und Wind schlagen uns entgegen wie ein luftiger, bunter Vorhang – und Wetter: Es donnert und regnet, wir suchen unter einem Baum Schutz. Die Tropfen und das Blätterdach sorgen für ein Rauschen,

Elbauen bei Rühstädt

das auf keiner Entspannungs-CD fehlen sollte. Das Gewitter spielt den Bass. Best-of-Regentropfen, Volume VI, Prignitz-Edition. Es ist, als habe jemand die Pausentaste gedrückt in dieser Hochgeschwindigkeitswelt.

Als die Vorwärtsfunktion wieder eingelegt ist, verschwindet die Kirche im Rückspiegel. Weil auf dem gewaltigen Kirchenschiff nur ein kleiner Turm sitzt und sich Bad Wilsnacks Häuser um das Wahrzeichen gruppieren, wirkt es immer wie eine Henne mit ihrer Kükenschar. Bereits kurz hinter der Kleinstadt ist der Mammutbaum ganz in der Ferne zu sehen, eine winzige Kuppel, die herausragt und mit jedem Tritt in die Pedale wächst.

Die Landpartie durch die Prignitz ist auch eine Dreieckstour zwischen dem Brandenburgischen „Big Ben" in Wittenberge (dazu später mehr), dem Rühstädter Riesen und der Wunderblutkirche. Aber auch die Kleindarsteller sind exzellent: Innerhalb weniger Augenblicke springen Rehe über eine Wiese, ein Storch spaziert vorüber und ein Kranich landet. Auf dem Elberadweg hinter Rühstädt ist ziemlich viel Verkehr. Radwandergruppen ziehen freundlich grüßend vorüber: Fernreisende mit dicken Waden und Satteltaschen. Wir rollen auf der Deichkrone durch die Idylle. Schafe ducken sich in den Schatten eines Baumes. Wir treffen einen früheren Kollegen, der jetzt Pressesprecher in einer Großstadt ist. Vermutlich hat man als jemand, der viel moderieren muss, von Zeit zu Zeit besonders große Lust, raus aufs Land zu fahren, wo die Landschaft für sich spricht. Früher hieß es, Stadtluft macht frei, heute ist es andersherum.

Auf den Elbauen – offiziell: im UNESCO Biosphären-Reservat Flusslandschaft Elbe-Brandenburg – ist das Gras saftiger und grüner als anderswo. Biotope reihen sich aneinander, eine lange Sequenz spektakulärer Bilder. Wir rasten in einem lauschigen Gartencafé unter einem Baum. Bienen summen. Es gibt Kaffee, Kuchen, launigen Smalltalk, und manchmal erinnert das Idiom der Einheimischen schon angenehm an „Käpt'n Blaubär".

Das Land ist weit und der Alltag weit weg. Vor Wittenberge dominieren plötzlich Sandstrände das Bild, und wenn ein findiger PR-Manager (was auch passt, weil das Kreiskennzeichen der Prignitz PR ist) einen Ortsnamen kreieren müsste, der selbstverständlich auch international ein bisschen was hermachen müsste, dann wäre Wittenberge Beach nicht zu dick aufgetragen. Die Landschaft ist ein großzügiges Versprechen, das sie auch einlöst, ein paar Pedaltritte weiter.

Der Alltagsstress löst sich auf im Elbwasser und wird weggespült, aber der schwere, dunkle Fluss ist mir zu geheimnisvoll – es bleibt bei einem Kurzbesuch. Der goldgelbe Sand rinnt durch die Zehen wie durch eine

Sanduhr. Ein Moment zum Verweilen, bis die Sonnenstrahlen ganz tief stehen, aber irgendwann ist auch die großzügig selbst gewährte Nachspielzeit vorbei. Abpfiff.

Der Wittenberger Uhrenturm taucht am Horizont auf, die Ziffernblätter sind so groß, dass man das Gefühl hat, die Zeit würde stehenbleiben, wenn die Uhr mal kaputt sein sollte. Bei Wikipedia kann man lesen, dass der Koloss, der größte freistehende Uhrenturm auf dem europäischen Festland, 5000 Tonnen wiegt und 210.000 Mauersteine verbaut wurden: Mehr als genug, um den inoffiziellen Titel brandenburgischer Big Ben zu führen.

Wir erreichen die imposanten Elbbrücken, dann das Zentrum, dort beziehen wir unser Quartier und drehen noch eine Runde durch die Stadt. Der Hafen verströmt maritimes Flair, es gibt viel zu entdecken hier am Grenzfluss: In der Mitte des Stromes beginnt schon Sachsen-Anhalt, auch Niedersachsen und Mecklenburg-Vorpommern sind nur wenige Kilometer entfernt. Die Elbe hatte auch die wirtschaftliche Entwicklung befördert. Nähmaschinen-Singer hatte sich hier niedergelassen, die Ölmühle versorgte weit über die Ländergrenzen Abnehmer mit Schmiermitteln. Prächtige Fassaden entstanden. Damals haben sie auch den Uhrenturm gebaut, 1929, als Singer immer weiter wuchs – das fast 50 Meter hohe Wahrzeichen erzählt auch die Geschichte einer Stadt im Wandel der Zeiten. Das Nähmaschinen-Werk ist zu, aber nachts leuchtet die Uhrzeit immer noch weit in das Land. Für uns ist nach dem Tag im Sattel früh Zapfenstreich.

Am nächsten Morgen streifen wir noch ein bisschen durch die Straßen der Stadt, vorbei an der Ölmühle und den Industriedenkmälern. Später schlängeln wir uns am Ufer der Karthane nach Bad Wilsnack. Noch einmal rollen wir durch die Weite und entdecken ein schönes Wegstück am Flussufer. Der Mohn funkelt, obwohl es ein wolkenverhangener Tag ist, aber Brandenburg hat inzwischen sein Sommerkleid angelegt, das farbenfrohe, das mit den vielen Blumen. Später zieht das Land am Zugfenster vorüber wie ein grünes Band. Die Fahrräder schuckeln in der Nachmittagssonne, die flirrend in das Abteil fällt. Es riecht nach Landpartie, nach der Stopptaste für den Alltag, den man abgekoppelt hat wie einen überflüssigen Waggon.

DIE ROUTE

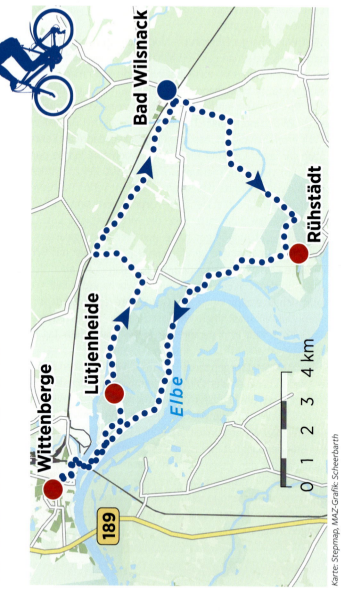

Karte: Stepmap, MAZ-Grafik: Scheerbarth

steffen verlag

Liebe Leserin, lieber Leser,

vielen Dank für Ihr Interesse an unseren Publikationen. Senden Sie diese Karte ausgefüllt an uns zurück und Sie erhalten kostenlos unser aktuelles Verlagsprogramm sowie unseren Newsletter mit Neuigkeiten, Verlosungen u.v.m. Sie finden diese Karte auch im Internet unter www.steffen-verlag.de/leserkarte.

Diese Karte habe ich folgendem Buch entnommen: ....

Ich interessiere mich für folgende Themen:

- ○ Reiseführer/Reiseliteratur
- ○ Naturbücher/Gartenbücher
- ○ Humor-Geschenkbücher
- ○ Literarische Geschenkbücher
- ○ Geschichte zur Region ....
- ○ Hans Fallada
- ○ Maritimes
- ○ Jagdliteratur

Aufmerksam wurde ich auf das Buch durch:

- ○ Zeitung/Zeitschrift
- ○ Fernsehen/Radio
- ○ Verlagskatalog
- ○ Verlagswebseite
- ○ Lesung
- ○ Buchhandlung
- ○ Sonstiges

✂ Unter allen Einsendern eines Monats verlosen wir ein Buch aus unserem Programm, das Ihren Interessen entspricht. (Der Rechtsweg ist ausgeschlossen.)

Absender:

Name, Vorname

Straße

PLZ, Ort

E-Mail

Alter   Beruf

Bitte senden Sie mir Ihr Verlagsprogramm
als ○ Druckausgabe ○ digitale Ausgabe per E-Mail

Sämtliche Angaben werden vertraulich behandelt und nicht an Dritte weitergegeben.

www.steffen-verlag.de | www.facebook.com/steffen.verlag

Antwort

Steffen Verlag
Berliner Allee 38
13088 Berlin

Bitte ausreichend frankieren

06/15

Ufer der Karthane bei Klein Lüben

Mammutbaum in Rühstädt

START- UND ZIELPUNKT: Die Rundtour beginnt am Bahnhof in Wilsnack und endet auch dort. Die Stadt ist mit der Regionalbahn gut erreichbar.

SCHWIERIGKEITSGRAD: Nennenswerte Steigungen finden sich nicht auf der Strecke. Zwischen Wittenberge und Bad Wilsnack sowie hinter Bälow müssen schwach befahrene Landstraßen genutzt werden.

LÄNGE: 30 Kilometer (vom Bahnhof Bad Wilsnack zum Bahnhof Wittenberge, Fahrtzeit gut zwei Stunden) oder 50 Kilometer (Rundkurs Bad Wilsnack, 3,5 Stunden)
Einzelabschnitte (50 Kilometer): Bahnhof Bad Wilsnack – Rühstädt – auf dem Elberadweg nach Bälow – Hinzdorf – Wittenberge – Garsedow – Lütjenheide – Berghöfe – Klein Lüben – Bahnhof Bad Wilsnack. Man kann – wenn man mit dem Zug anreist und 30 Kilometer als Tour ausreichen – auch vom Bahnhof Wittenberge die Rückreise antreten.

DIE ROUTE: Die Strecke führt vom Bahnhof Bad Wilsnack über einen lokalen, asphaltierten Radrundweg nach Rühstädt, von dort geht es auf dem Elberadweg nach Wittenberge (auf einem Teilstück hinter Bälow und kurz vor Wittenberge weicht er auf eine mäßig befahrene Landstraße aus). Beim Rückweg geht es auf diesem Straßen-Teilstück über Garsedow, Lütjenheide, Berghöfe und Klein Lüben auf schwach befahrenen Nebenstraßen zurück zum Bahnhof Bad Wilsnack.

SEHENSWÜRDIGKEITEN: In Bad Wilsnack gehört die Wunderblutkirche zu den Attraktionen, umgeben von schönen Fachwerkhäusern. Wer das Thermalsole- und Moorheilbad besuchen will, sollte besser eine Übernachtung einplanen. Im Storchendorf Rühstädt kann man viele Störche aus nächster Nähe beobachten. Das Barockschloss, heute ein Hotel, mit einem sehr schönen Park samt Mammutbaum lohnt einen Besuch. Außerdem sind im Dorf viele spannende Hinweis- und Infotafeln zur lokalen Geschichte aufgestellt worden. Die Elbauen sind idyllisch, Strände laden zum Verweilen ein. Wittenberge bietet imposante Bauwerke wie den größten freistehenden Uhrenturm des europäischen Festlandes auf dem Gelände des Nähmaschinenwerkes, das Steintor – Wahrzeichen der Stadt –, Kirchen und die Ölmühle, deren Gebäudekomplexe ein Hotel, Gastronomie und eine Brauerei beherbergen. Der Weg an der Karthane ist ebenfalls sehr schön. Insgesamt führt die Tour durch eine wunderschöne, weite norddeutsche Landschaft.

EINKEHRMÖGLICHKEITEN: Entlang des Elberadweges finden sich zahlreiche Einkehrmöglichkeiten. In Wittenberge und Bad Wilsnack kann man zwischen verschiedenen Restaurants, Gaststätten und Imbissmöglichkeiten auswählen.

BADEMÖGLICHKEITEN: An der Elbe gibt es schöne Strände, das Wasser der Elbe ist aber recht trüb.

MAZ-TIPP: Eine Übernachtung in der Region buchen und ein Wochenende in der Prignitz verbringen. Es gibt viel zu entdecken auch abseits der Radroute.

Das Hiddensee von Brandenburg

Radtour über die Insel Töplitz

Sind Sie reif für die Insel? Dann ist Töplitz genau das Richtige. Nördlich von Potsdam gibt es viel Natur, Badestellen mit Ostseefeeling und Toskana-Flair auf einem Weinberg – und trotzdem ist es hier angenehm leer.

Werder (Havel). Der Moment, an dem die Auszeit endgültig beginnt, trägt sich am Fuße des alten Weinberges zu, am Rande von Töplitz. Ein Hase sitzt im hohen Gras, nur wenige Meter entfernt, und er ist so sonnentrunken, dass er mich erst nach einer ganzen Weile bemerkt, kurz zusammenzuckt, aber dann ohne jede Hast von dannen hoppelt. Es ist mir irgendwie unangenehm, dass ich den Hasen in seinem Refugium gestört habe. Wie würde man das selber finden, wenn plötzlich in der Wohnung ein Hase auftaucht, ohne anzuklopfen und Fotos machen will für seine Hasenzeitung?

Wir sind nach Feierabend auf die Insel Töplitz gefahren. Die Rundtour hat in Werder am Bahnhof begonnen. Zugfenster statt Windows-Fenster. Nach einem langen Tag am Rechner ist so ein Ausflug eine Art Soforthilfeprogramm für Körper und Geist, die reif für die Insel sind. Eine wohltuende Therapie bei Doktor Natur. Die Abendsonne flutet die Insel, die wir über die elegante Wublitzbrücke – exklusiv für Radfahrer und Fußgänger – erreichen. Wir streifen das Naturschutzgebiet Wolfsbruch. Die Strahlen tasten sich mit langen Schatten über das Land, sie haben das Hitzige, Sengende des Tages abgelegt, und wenn man auf dem alten Weinberg steht, hat man einen guten Überblick über einen Teil der Inselwelt.

Auf dem Gipfel, gleich neben den Weinstöcken, haben sich jetzt Erdbienen niedergelassen, eine stattliche, summende Kolonie ist entstanden. Aber man hat auch von etwas weiter unten, bei der Koppel, eine phantastische Aussicht, ohne dass man die Erdbevölkerung stören muss. Gleich nebenan, in Töplitz, gibt es einen Inselkindergarten und eine Inselschule. Und je mehr man sich auf die Insel-Geschichte einlässt, umso schöner wird es. Das war schon bei der „Schatzinsel" von Robert Louis Stevenson so. Die Insel Töplitz ist mein Hiddensee vor der Haustür, die Wellness-Oase für den Feierabend. An einer Badestelle plätschern die Wellen an den Strand. Wenn man die Augen schließt, mäandern noch eine ganze Weile Lichtkreise durch das Dunkel: Als Kinder haben wir das oft gemacht und mir fällt ein, dass ich mal mit meinem Sohn hier war und es Tränen und Theater gab, weil sein Erdbeer-Eis in den Sand gefallen war. Das ist nun auch schon zwanzig Jahre her, aber der Wind schiebt wie damals einen ganz leichten, kühl-warmen Lufthauch über das Wasser, während die Füße gekühlt werden, und man könnte die Worte „märkischer Sand" im Brandenburg-Lied auch um „märkischer Strand" erweitern. „Abendstund hat Gold im Mund" würde auch passen, weil die Sonnenstrahlen an den Badestellen wegen der Lichtbrechung auf den Wellenkronen glitzern, funkeln und tanzen.

Es geht weiter, durch den abgelegensten Teil der Insel, die wie jede verkehrstechnische Sackgasse ein besonderes Privileg genießt: Es gibt keinen Durchgangsverkehr – dafür viel Natur. Den engen Raum bei Göttin müssen sich verwucherte Erdelöcher (im Volksmund „der Busch" genannt), ein rot schimmerndes Mohnfeld, Disteln hoch wie Weihnachtsbäume, ein lauschiger Trampelpfad am Sacrow-Paretzer-Kanal, Felder, Wiesen und andere Schönheiten teilen.

Eine Töplitzerin schwärmt von den Vorzügen, als wir sie auf einer kleinen Brücke am Speckgraben treffen. „Die Ruhe gerade unter der Woche und die wunderschöne Natur, die Vogelgesänge, dieses Ursprüngliche. Der schönste Platz? Hier", sagt sie und lacht, „einen besonderen Reiz hat auch diese Abgeschiedenheit, auf begrenztem Raum."

Aber selbst auf kleinem Raum kann man sich verfahren. Wir halten uns nach einem Abstecher über einen Plattenweg zum Kanal, der die Insel im Norden begrenzt, zu weit rechts – aber es ist schon zu spät, um den Navigations-Patzer noch zu korrigieren: Die Sonne blinzelt bereits müde. Wir rollen durch Töplitz, statt ohne Autoverkehr hinten am Eichholzberg entlang, und verlassen das Eiland auf der Landstraße nach Grube.

Nattwerder, das idyllische Örtchen, macht sich schon zur Nachtruhe bereit und wir treten kräftig in die Pedalen, weil es mal wieder viel später geworden ist, als gedacht. Zurück zum Bahnhof in der Blütenstadt, über die Eisenbahnbrücke am großen Zernsee, der Radweg liegt schon im Schein der Laternen. Ich bin froh, als ich fast gegen Mitternacht mein Refugium erreiche, gemütlich wegdämmere und kein Hase unangemeldet durch die Wohnung hoppelt, mich aufscheucht und Fotos machen will.

Wublitzbrücke
Töplitz

Erdelöcher Töplitz

DIE ROUTE

Karte: Stepmap, MAZ-Grafik: Scheerbarth

Alter Weinberg
Töplitz

SCHNELL-CHECK

START- UND ZIELPUNKT: Die Rundtour beginnt am Bahnhof in Werder (Havel) und endet auch dort. Die Stadt ist mit der Regionalbahn gut erreichbar. Man kann den Ausflug aber auch von den Regionalbahnhöfen Charlottenhof oder Sanssouci in Potsdam starten, von dort zur Wublitzbrücke fahren und auf die Insel Töplitz übersetzen.

SCHWIERIGKEITSGRAD: Es gibt keine nennenswerten Steigungen auf der Strecke, lediglich kleine Höhenunterschiede. Zwischen Leest und Grube muss ein Stück Landstraße genutzt werden.

LÄNGE: 26 Kilometer (Fahrtzeit knapp zwei Stunden). Einzelabschnitte: Bahnhof Werder (Havel) – Wublitzbrücke – Töplitz – Göttin – Leest – Grube – Nattwerder – Bahnhof Werder (Havel)

DIE ROUTE: Die Strecke führt vom Bahnhof Werder über eine Eisenbahnbrücke, eine asphaltierte, kaum befahrbare Straße und einen Waldweg zur eleganten Wublitzbrücke – die nur von Radfahrern und Fußgängern genutzt werden darf. Von dort geht es auf Wald-, Feld- und Plattenwegen (von den Ortsdurchfahrten Töplitz, Göttin und asphaltierten Teilstücken abgesehen) auf einem Rundkurs über die Insel. Von Leest nach Grube muss ein Stück Landstraße befahren werden, es geht dann aber wieder auf Platten- und Feldwegen über Nattwerder (wenig Autoverkehr) zur Wublitzbrücke – und von dort auf dem Hinweg zurück zum Bahnhof Werder.

SEHENSWÜRDIGKEITEN: Der Rundkurs punktet mit der Schönheit der Natur, man bewegt sich mit Inselfeeling weit draußen im Grünen. Es gibt wunderbare Badestellen, verwucherte Erdelöcher bei Göttin, eine tolle Aussicht vom alten Weinberg in Töplitz und viele idyllische Orte. In Werder befindet sich unweit des Bahnhofes die Bismarckhöhe mit einer grandiosen Aussicht. Wer den Ausflug von Potsdam beginnt, kann einen Abstecher nach Sanssouci machen. In Werder lohnt sich beispielsweise die Besichtigung der Insel oder des Wachtelberges.

EINKEHRMÖGLICHKEITEN: Es gibt am Bahnhof Werder einen Imbiss und in der Blütenstadt nur unweit entfernt von der offiziellen Tourroute verschiedene Einkehr- und Imbissmöglichkeiten. Auf der Strecke selber empfiehlt sich ein Picknick auf der Insel Tölpitz. Am besten Proviant und eine Decke mitnehmen und einen schönen Platz suchen – es finden sich viele gut geeignete Stellen zum Rasten.

BADEMÖGLICHKEITEN: Auf der Strecke bieten sich vielerorts Möglichkeiten, ins Wasser zu springen, sehr schön ist die Badestelle in Töplitz – vor allem abends, wenn die tiefstehende Sonne auf den Strand scheint.

MAZ-TIPP: Badehose, Picknickdecke, Proviant, ein Buch und so viel Zeit wie möglich mitbringen und sich eine Auszeit an einer der tollen Badestellen gönnen.

Auch bei dieser MAZ-Radtour von Friesack nach Rhinow wird klar: Brandenburg ist keine Gegend, die man zu einer Urlaubs-Notlösung während einer Pandemie degradieren muss – sondern eine grüne Wohlfühloase.

Rhinow. Die Dunkelheit hat sich nun über das Land gelegt, jetzt gegen Mitternacht: Nur noch am Horizont schimmert ein feiner Lichtschleier, irgendwo Richtung Neustadt/Dosse. Wir hatten ein bisschen Angst, dass Wolken aufziehen und unsere Himmelsschau im Sternenpark Westhavelland ausfällt wie eine Theaterpremiere, weil der Vorhang klemmt. Aber nun treten die Stars des Abends in die Manege. Spot an! Lichtpunkt für Lichtpunkt füllt sich der Himmel wie die Sitze in einem Zirkuszelt. Manche der Himmelskörper sehen aus, als würde man sie beleuchten, so wie der Leuchtglobus damals in meinem Kinderzimmer.

Der große Wagen funkelt und hat die Konturen eines Fahrradanhängers – eine Sternstunde. Und damit zurück zur Bodenstation, wo die Nachtluft nach Brandenburg riecht. Der Tag im Sattel endet mit einem Sommernachtstraum auf einer Wiese bei Rhinow. Die MAZ-Landpartie durch das Havelland, genauer gesagt durch den Sternenpark – ein rund 1400 Quadratkilometer großes, sogenanntes „Lichtschutzgebiet" – hat am Bahnhof in Friesack begonnen. Zuvor gab es auf der Zugfahrt großes Geschiebe im Fahrradabteil. Zum Glück lotste die Zugbegleiterin mit viel Geschick alle Drahtesel aus der Großstadt durch die märkische Weite.

Auch nach vielen Jahren habe ich die Hoffnung noch nicht aufgegeben, dass das Fahrrad-Beförderungsproblem irgendwann mal gelöst wird. Dass wenigstens im Sommer vormittags und nachmittags eine Art zusätzlicher Fahrradzug eingesetzt wird.

Hinter dem Landstädtchen lavieren wir uns durch den Wald Richtung Görne. Offenbar ist hier gerade ein Starkregen niedergegangen, denn der Weg ist teilweise eine Mini-Seenlandschaft. Eine Pantolette bleibt stecken, es gibt ein Gratis-Moorbad für die Füße und geht erst mal ein Stück barfuß weiter, bis sich die Schlammpackung aufgelöst hat.

Wer weniger auf solch rustikale Teilstücke abfährt, kann auch die Landstraße nutzen. Der Weg durch den Wald aber ist sehr schön, das Licht funkelt in den Kronen und es ist angenehm kühl – die Bäume senken wie große, grüne Aggregate die Temperatur. Anders als auf der großen Freifläche hinter Görne, auf der wir wenig später weiter Richtung Rhinow rollen: Die Hitze brütet Hirn und Waden ordentlich durch.

Dafür aber ist hier der Radweg ein Traum, eine Art Champs-Élysées unter den Radtrassen und die Landschaft produziert in Serie herrliche Bilder – wie bei der Tour de France, wenn die Kamera des Begleit-Hubschraubers über die prachtvolle Umgebung schwenkt. Am Horizont tauchen schon der Gollenberg auf und der Fernmeldeturm in Rhinow, wo wir übernachten wollen. „Das macht man ja jetzt so in der Coronazeit, rausfahren mit dem Fahrrad", hat jemand gesagt, aber das ist nicht richtig. Ich bin schon in den 1980er Jahren mit Vergnügen hier entlanggefahren, als Bands wie a-ha oder die Pet Shop Boys die Charts stürmten und Stahl Brandenburg in den Europacup, als die Welt ein großes Funkloch war, man aus Gewohnheit versuchte, nach den Sternen zu greifen und die Deutsche Reichsbahn noch die Gegend anfuhr. Brandenburg ist auch keine Gegend, die man zu einer Urlaubs-Notlösung während einer Pandemie degradieren muss, sondern eine Wohlfühloase. Vor allem, wenn es solche Momente bietet wie beim Abendausflug an den Gülper See. Unzählige Vögel starten und landen auf der glitzernden Wasserfläche, es herrscht Betrieb wie auf einem Luftdrehkreuz, und es ist schon komisch, dass hier um die Ecke der Flugwahnsinn begonnen hat: Ganz klein, als Otto Lilienthal mit seinem Gleiter vom Gollenberg abhob.

Mitten im Sternenpark und in den ganz hohen Himmelsschichten, direkt über dem Beobachter, ist es fast so dunkel wie in Namibia, wo ich vor zwanzig Jahren während meiner tatsächlich einzigen Flugreise gelandet bin. Danach bin ich nicht mehr in den Flieger gestiegen, weil der Mensch gut beraten ist, die Luft, die er zum Atmen braucht, nicht durch Triebwerke zu jagen, und weil man gleich nebenan im Havelland auch sehr gut die Sterne sehen kann.

Auf der Rückfahrt von Gülpe spannt sich über dem Ländchen Rhinow ein Regenbogen, der so voll leuchtet, dass man das Gefühl hat, man könnte mit einem Steigeisen daran hinaufklettern. Wenn man oben wäre, könnte man auch gleich mal schauen, ob wirklich niemand die Sterne von hinten heimlich beleuchtet.

Am nächsten Morgen frühstücken wir draußen in der Sonne, dann geht es weiter durch den Sternenpark. Wir besteigen den Gollenberg, der mit 110 Metern Höhe nur im Mittelfeld der höchsten Erhebungen Brandenburgs liegt – aber wegen der flachen Landschaft ist die Aussicht grandios. Der Dom im rund zwanzig Kilometer entfernten Havelberg schimmert rötlich. Rhinluch und Dossebruch strecken sich ins Land wie ein grüner Flickenteppich.

Am Horizont radeln wir dann weiter Richtung Friesack: Wir streifen den Süden des Landkreises Ostprignitz-Ruppin, es wird noch einsamer. Hier, am kleinen Havelländischen Hauptkanal (Kurzbezeichnung übrigens: „Rhi_KHHK", Ordnung muss sein), wo der Plattenweg ein Hauptstraßenschild hat – aber immerhin ist es ein Plattenweg deluxe, keiner mit Ecken und Kanten, wie ein paar Kilometer weiter –, entschädigt die Natur uns für das Geruckel: Auf einer Wiese, die gerade gemäht wird, stolzieren Störche, unzählige Raubvögel kreisen am Himmel. Ein Gewitter zieht über den Heuballen in der Ferne auf.

Irgendwo steht an einer Koppel ein Briefkasten und es ist ein schönes, fast schon symbolisches Bild: Was könnte mehr für Entschleunigung stehen in dieser Hochgeschwindigkeitswelt, wo in Sekundenbruchteilen Nachrichten und Fotos über den Globus gejagt werden, als ein guter alter, gelber Briefkasten?

Wir reisen mit der Bahn zurück, erleichtert, dass genug Platz für alle Fahrräder ist. Die Stadt lärmt. Zu Hause sortiere ich die Tourfotos. Über meinem Bett hängt ein Druck von van Gogh, der mit den Sternen über der Rhone. Ich nehme ihn schon lange nicht mehr wahr. Am Abend nach der Rückkehr ist das anders. Der große Wagen funkelt wie im Westhavelland.

Ich weiß als Laie gar nicht genau, ob es nun ein wirklich ganz besonderer Sternenhimmel war auf der Wiese hinter Rhinow, oder ob es daran lag, dass ich mir einfach mal die Zeit dafür genommen habe, den Nachthimmel zu beobachten. Ist auch schnuppe. Ab und zu sollte man jedenfalls mal nach den Sternen greifen.

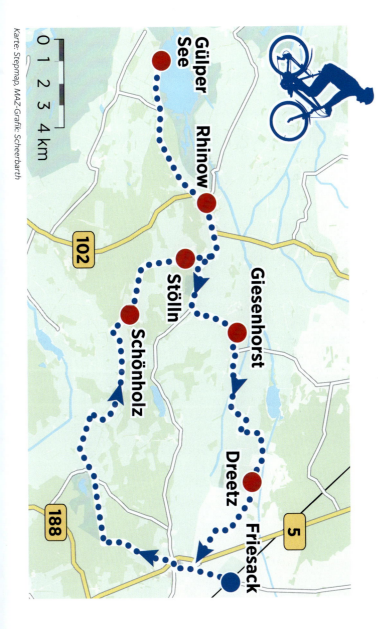

Waldstück bei Schönholz

START- UND ZIELPUNKT: Die Rundtour beginnt am Bahnhof in Friesack und endet auch dort. Die Stadt ist mit der Regionalbahn gut erreichbar – einen weiteren Bahnhof gibt es aber auf der MAZ-Tourroute nicht.

SCHWIERIGKEITSGRAD: Die Strecke weist keine nennenswerten Steigungen, lediglich kleine Höhenunterschiede auf.

LÄNGE: Variante eins: Rundkurs durch den Sternenpark, Länge 50 Kilometer (ohne Abstecher zum Gülper See, Fahrtzeit rund 3,5 Stunden)
Variante zwei: große Tour (mit Vogelbeobachtungsturm Gülper See), Länge 69 Kilometer (Fahrtzeit gut vier Stunden). Einzelabschnitte (große Tour): Bahnhof Friesack – Friesack – Görne – Schönholz – Stölln – Rhinow (– Prietzen – Vogelbeobachtungsturm – Prietzen – Rhinow) – Stölln – Gollenberg – Giesenhorst – Zietensaue – Bartschendorf – Michaelisbruch – Friesack – Bahnhof Friesack

DIE ROUTE: Die MAZ-Landpartie führt vom Bahnhof in Friesack über einen straßenbegleitenden Radweg in die Flieder-Stadt, dann geht es über einen Waldweg nach Görne. Alternativ kann die Landstraße genutzt werden. Auf einem sehr guten Radweg gelangt man nach Rhinow. Bei einer Übernachtung in der Region kann der Abend zu einem Ausflug zum Gülper See und zur naheliegenden Bockwindmühle genutzt werden – am Südufer des Gewässers steht ein Vogelbeobachtungsturm, die Tierwelt ist vielfältig. Von Rhinow führt die Route über Stölln und am Gollenberg vorbei auf einer Landstraße nach Giesenhorst. Von dort fährt man weitestgehend auf Plattenwegen zurück nach Friesack.

SEHENSWÜRDIGKEITEN: Die Aussicht vom Gollenberg gehört sicher zu den schönsten Fernblicken in der Region, weil die Umgebung sehr flach ist. Auf dem Berg – der Absprung- und Unglücksstelle von Otto Lilienthal – sowie im Besucher-Zentrum in Stölln erhält man einen interessanten Einblick in das Leben des Flugpioniers. Auch die „Lady Agnes", ein Düsenflugzeug der Interflug auf einer Wiese am Gollenberg, ist einen Besuch wert. Die Tour führt aber vor allem durch sehr viel Natur. Der Gülper See unweit von Rhinow ist ein beeindruckendes Vogelparadies. Und: Der Sternenhimmel kann in der Region besonders gut beobachtet werden. Es gibt viele schöne Plätze, um den Nachthimmel zu entdecken. Die Monate August bis September sowie März bis Mai sind dafür optimal, da es nicht so kalt und der Himmel in den häufig klaren Nächten schön dunkel ist. In den Monaten Juni und Juli hellt die Mitternachtsdämmerung etwas auf. Wer Kälte gut verträgt, findet auch im tiefen Winter hervorragende Bedingungen und sehr lange Nächte bei gutem Wetter vor.
Mehr infos im Internet auf www.sternenpark-westhavelland.de.

EINKEHRMÖGLICHKEITEN: Die Einkehrmöglichkeiten sind spärlich gesät, aber Plätze, um mal wieder zu picknicken, finden sich zahlreich. In Rhinow gibt es einen Imbiss und in Friesack Gaststätten.

MAZ-TIPP: Eine Übernachtung buchen und sich nachts die Zeit nehmen, den Sternenhimmel anzuschauen. Wenn möglich, es sich auf einer Decke in einer lauen Sommernacht gemütlich machen.

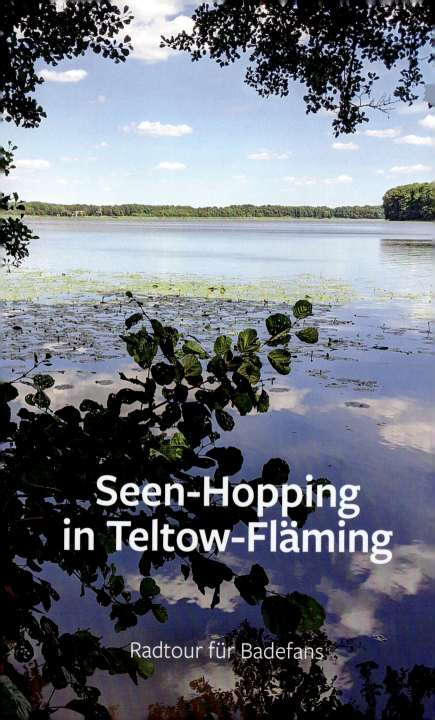

Erfrischung gefällig an einem heißen Sommertag? Dann ist diese Bädertour durch den Norden des Berlin-nahen Landkreises genau das Richtige. Von Dahlewitz aus geht es durch idyllische Orte wie die Feuchtwiesen hinter Rangsdorf. Mehrere Naturlehrpfade liegen auf dem Weg.

Nur ein paar Tritte in die Pedale und der Bahnhof Dahlewitz verschwindet im Rückspiegel. Ein Wegweiser lotst mich in eine unscheinbare Einfahrt. Plötzlich gibt es einen abrupten Szenenwechsel, als hätte jemand mit der Fernbedienung den Kanal gewechselt. Naturdoku statt Verkehrschaos in einem Großstadtstreifen. In der neuen Welt zwitschern Vögel, die Sonne funkelt durch die üppigen, dichten Baumkronen. Schatten wippen über den Waldweg. Es ist angenehm kühl – die Glasowbach-Niederung sorgt für eine andere Vegetations- und Klimazone. Urwaldatmosphäre statt Asphaltdschungel im Naturschutzgebiet: Die einzige Straße ist eine Wasserstraße und surreal grün, weil Entengrütze die Oberfläche des Zülowkanals bedeckt.

Die 37 Kilometer lange MAZ-Landpartie durch die nördliche Hälfte des Landkreises Teltow-Fläming, eine Art Bädertour, weil sie viele Badestellen streift, beginnt mit einer Grünphase. Immer entlang am wild umwucherten Zülowkanal, dann weiter am Ufer der Krummen Lanke. Hier und da verteidigt die Natur ihr Revier mit ein paar Wurzeln auf dem Weg. Die ersten Badestellen tauchen auf und wenig später läutet eine Infotafel maritimes Flair ein: Der Rangsdorfer See galt schon in den 1930er Jahren als das „Lido des Berliner Südens", heißt es dort.

Das Foto einer historischen Schwarz-Weiß-Postkarte zeigt den breiten Strand, der damals wie heute gut besucht ist. Wenn der Wind günstig weht, wandern die bunten Drachen der Kitesurfer oben am Himmel entlang, unten gibt es eine ausladende Liegewiese, ein Restaurant, einen Kinderspielplatz, einen Steg, der wie ein Ausrufezeichen in die Wasserfläche ragt, und eine Menge Seebad-Atmosphäre. Die Straßen rundherum heißen Bansiner-, Ahlbecker- und Heringsdorfer Allee und am Ende der Seepromenade weht ein Hauch von Venedig über den Radweg, weil Brücken über Kanäle führen. Eine Aussichtsplattform verschafft noch einmal einen Blick auf das Gewässer, Schilf rauscht am nächsten idyllischen kleinen Strand.

Ein paar Pedaltritte später folgt der nächste Szenenwechsel: Aus dem Schatten der wuchernden Ufervegetation trete ich auf eine Freifläche. Helligkeit und die Weite haben etwas Unwirkliches. Es ist inzwischen Mittag, die Sonne steht hoch am Himmel, der Wind pfeift ein bisschen wie bei Ennio Morricone über die Zülowniederung. Teltow-Fläming breitet die Arme aus und ich meine Picknick-Utensilien am Rande der Feuchtwiesen. Heuballen bevölkern das Bild, so malerisch, als hätten sie die Bauern und der Tourismusstammtisch Teltow-Fläming, der für die Baruther Linie verantwortlich zeichnet, hin drapiert und bei dieser Gelegenheit auch gleich Himmel, Wolken und Wiesen frisch gestrichen.

Über weite Strecken folgt die MAZ-Landpartie der Baruther Linie, immer dem Wanderzeichen roter Balken auf weißem Grund nach. Die Linienführung ist ein Coup im GPS-Daten-Format: In der Speckgürtelregion ist es mancherorts ähnlich schwer, einen autofreien Ausflugsweg zu finden, wie damals den Seeweg nach Indien. Noch dazu einen, der durch eine malerische Landschaft führt – aber es ist gelungen. Naturlehrpfade liegen als Bonus auf dem Weg. Dazu kommt eine exzellente Anbindung an das Liniennetz der Deutschen Bahn: Nur wenige Kilometer voneinander entfernt befinden sich mehrere Bahnhöfe – die Tour lässt sich nach Lust, Laune und Tagesform gestalten, dabei kann auf der ganzen Linie eine Extraportion „TF" entdeckt werden.

Wie beispielsweise den Nottekanal, der als nächster stiller, Entengrütze-grüner Begleiter den Wegesrand säumt, genauso wie die Schienen der Draisinenstrecke zwischen Zossen und Mellensee. Die Route führt an Feldern vorbei, an einem Rastplatz, dann nach Mellensee, wo die nächsten Bademöglichkeiten warten. Im Wald Richtung Wünsdorf muss ich ein Stück gegen den Sand kämpfen.

In dem Ortsteil der Stadt Zossen schieben sich dann Lastkraftwagen in einer Nebenstraße ins Bild, lang wie ein Fernradweg. Viele Kameras, Beleuchter, Catering: Eine TV-Serie wird gedreht, aber genauso gut könnten sie hier einen „Horst Krause"-Film aufzeichnen, natürlich, hier im Horst-Krause-Land. Die MAZ-Landpartie wäre mit Sicherheit genau nach seinem Geschmack: Es wäre ein schönes Bild, wenn der große brandenburgische Darsteller auf seinem Dorfpolizisten-Fahrrad über die Baruther Linie rollen würde. An das Ufer des Großen Wünsdorfer Sees beispielsweise, auf der Schlussetappe der MAZ-Bädertour. Klappe eins. Horst, noch mal die Angelscheinkontrolle! Die Kamera würde über sein strenges Fernseh-Gesicht fahren, mit allen Angelteichgewässern gewaschen und einem Blick weit wie eine märkische Allee. Dann würde er streng schauen, wie nur er es kann. „Allet in Ordnung, det Jewässer is sauber." Danach würde Horst Krause in einem seiner besinnlichen Momente am sauberen Wasser einer der vielen Badestellen stehen, weil ja alles wunderbar in Ordnung ist, oder im Strandbad in Rangsdorf ein Eis essen. Vermutlich mit zwei oder drei Kugeln und mit Sahne.

Ich trete noch mal in die Pedale, am Großen Wünsdorfer See gibt es mit den schönen Badestellen am Westufer, in Neuhof und am Ostufer ein angemessenes Finale der Bädertour. Der Zielbahnhof rückt näher und damit das Ende der Tour – viel später als geplant, wegen der Verweildauer an den Stränden.

Am nächsten Tag sortiere ich die Fotos. Am Himmel über dem Rangsdorfer See tanzen noch einmal die Drachen. Der Ausflug ist wie ein guter Kaugummi, der noch lange Geschmack hat. Im Fernsehen läuft ein „Horst Krause"-Film und Brandenburg zeigt seine besten Seiten.

Karte: Stepmap, MAZ-Grafik: Scheerbarth

Wiesen bei Dabendorf

Aussichtsplattform Rangsdorfer See

SCHNELL-CHECK

START- UND ZIELPUNKT: Die Tour beginnt am Bahnhof in Dahlewitz und endet am Bahnhof in Wünsdorf – beide Orte sind mit der Regionalbahn gut erreichbar.

SCHWIERIGKEITSGRAD: Es gibt keine größeren Steigungen auf der Strecke, lediglich kleine Höhenunterschiede.

LÄNGE: 37 Kilometer (Fahrtzeit: drei bis vier Stunden) Einzelabschnitte: Dahlewitz – Rangsdorf – Zossen – Am Mellensee – Wünsdorf. Die MAZ-Tour folgt auf weiten Teilen der Baruther Linie mit dem Wanderzeichen roter Balken auf weißem Grund – der Weg ist exzellent ausgeschildert.

DIE ROUTE: Vom Bahnhof in Dahlewitz geht es über Waldwege nach Rangsdorf (Vorsicht, ab und zu ragt eine Wurzel aus dem Boden), dann auf einem Mix aus Plattenwegen, Asphalt und Radwegen (beispielsweise am Rande des Nottekanals) weiter. Das Teilstück zwischen Mellensee und Wünsdorf ist auf kurzen Abschnitten recht sandig.

SEHENSWÜRDIGKEITEN: Viele kleine Entdeckungen warten auf den Radfahrer: Eine Aussichtsplattform am Rangsdorfer See oder am Zülowkanal, spannende Infotafeln auf allen Teilen der Tour, Naturlehrpfade. Unweit der offiziellen Route befindet sich die Bücher- und Bunkerstadt Wünsdorf. In Zossen lohnt ein Bummel durchs Stadtzentrum rund um die barocke Dreifaltigkeitskirche und dem sich anschließenden Stadtpark mit der Ruine der alten Bastion.

EINKEHRMÖGLICHKEITEN: Es gibt auf der Baruther Linie und in der Nähe der Tourroute diverse Einkehrmöglichkeiten.

BADEMÖGLICHKEITEN: Viele tolle Badestellen warten – unter anderem das Strandbad in Rangsdorf. Auch am Mellensee und am großen Wünsdorfer See kann man sich wunderbar abkühlen.

MAZ-TIPP: An einem heißen Tag von Badestelle zu Badestelle hoppen und Natur und Landschaft genießen.

Waldbaden mit Fontane

Radtour durch die Ruppiner Schweiz

Diese 56 Kilometer lange Strecke führt von Neuruppin durch die seenreiche Ruppiner Schweiz zum Schloss Rheinsberg – und erinnert mit ihrer Hügellandschaft an ein Mittelgebirge.

Neuruppin. Am Binenbach wird es wild: Im Bachbett geht es drunter und drüber, Stämme legen sich quer, hier, wo sich das Flüsschen tief in die Ruppiner Schweiz gearbeitet hat. Wurzelballen groß wie Sonnenschirme flankieren den Wegesrand, während sich Bäume an die Hänge krallen und gegen die Schwerkraft wehren. Wir haben uns für den Wanderweg entschieden in der Fontane-Kernzone – eine kurze Berg- und Talbahn, die an ein Mittelgebirge erinnert. Wenn jemand auf der Fahrt nach Thüringen eingeschlafen wäre, man heimlich den Kurs geändert und ihn hier am Binenbach geweckt hätte, wäre die Begeisterung groß gewesen. „Schön hier in Thüringen. So ein Mittelgebirge ist doch etwas anderes als unsere märkischen Hügelchen", würde er sagen und froh sein, dass er die Wanderschuhe eingepackt hat. Die für die großen Steigungen.

Willkommen auf der 56 Kilometer langen MAZ-Tour durch das Ruppiner Land. Damit kein falscher Eindruck entsteht: Die Wege sind exzellent, es gibt mehrere Radstraßen und für das knifflige Teilstück am Binenbach eine Alternativstrecke gleich nebenan. Unsere Landpartie hat mit einem Stadtbummel in Neuruppin begonnen. Die Seepromenade verströmt maritimes Flair – hier befindet sich auch die Klosterkirche Sankt Trinitatis, eines der Wahrzeichen der Stadt. Wir schieben die Räder an einen Eisstand, den Zeitplan beiseite, gönnen uns zwei Kugeln Eis und rollen dann über Alt Ruppin Richtung Norden nach Krangen. Wir erreichen Zippelsförde: eine kleine Siedlung, eine Art Versorgungsposten und Rad- und Kanuverkehrsknotenpunkt inmitten der Natur mit Fischzuchtbetrieb, Imbiss und Naturschutzstation. Viele Paddelboote liegen am Ufer, weil der an manchen Stellen wild rauschende Rhin sehr beliebt ist bei Wasserwanderern. Der Weg führt durch Nadelwälder, endlos lang wie in Skandinavien. Rheinsberg dann, ein jäher Kontrast, mit seinem herrschaftlichen Charme. Das Schloss dominiert das Bild. Unten am Wasser stehen Skulpturen, phantasievoll, filigran, und oben, am Eingang zum Park, erklärt uns Tony Torrilhon, der 88 Jahre alte Bildhauer, der auf seinem Fahrrad vorbeiradelt, wie wir zur Windmühle am Rande der Stadt kommen. Die Flügel blinzeln malerisch in die Abendsonne, Wölkchen runden das Bild ab.

Dann wird es wieder knifflig: Eine Kopfsteinpflasterstraße führt nach Braunsberg, hart und unnachgiebig wie eine Bank bei Kreditverhandlungen. Oh nein, der Weg ist ein Seufzer. Fahren oder schieben? Es geht auch noch aufwärts. Wir schieben dann über die blankgewetzte Historie, im Abendlicht. Schritt für Schritt, ganz in Ruhe, denn kein Auto kommt vorbei auf dieser Buckelpiste. Kopfsteinpflaster wirkt verkehrsberuhigender als fünf Blitzer und zehn Bremsschwellen zusammen.

Aber wenn man die Straße so sieht, hätte man ohnehin eher mit einem Ochsenkarren gerechnet, Friedrich dem Großen mit seinen Jagdhunden oder dem alten Fontane bei einer seiner Wanderungen durch die Mark. „Was für eine moderne und zugleich pittoreske Allee!", würde er in seinen Notizblock kritzeln und sich dann wieder dem Zusammenspiel der Natur widmen. Den fein geschwungenen Linien der Wiesen, die sanft abfallen und ansteigen, den Bäumen am Rande der Allee, dem prächtigen Wald, der sich stellenweise über die holprige Verkehrsader spannt. Wem Kopfsteinpflaster großes Kopfzerbrechen bereitet: Es führt auch ein straßenbegleitender Radweg nach Zühlen und dann ein Stück Landstraße nach Braunsberg.

Es geht von dem kleinen Ort mit seiner schönen Dorfkirche weiter zum Kalksee. Die Sonnenstrahlen liegen nun ganz schräg auf dem Land, wie ein Segelboot im Sturm, und funkeln auf dem Wasser. Die Badestelle duckt sich unter Bäume und sorgt für Waldbaden der ganz speziellen Art. Wenn es einen Fotowettbewerb mit dem Motto Best-of-Brandenburg geben würde, dürfte ein Sonnenuntergangsbild vom Kalksee nicht fehlen. Wir wählen den Weg durch den Wald am Ufer und dann am Binenbach entlang und erreichen Boltenmühle.

Am nächsten Morgen fahren wir am Tornowsee entlang und streifen den Zermützelsee. Nur wenige Kilometer entfernt von der MAZ-Tourroute liegen der Tierpark Kunsterspring und der Stechlinsee: Sehnsuchtsorte und Badestellen gibt es am laufenden Kilometer. Das Radwegenetz ist exzellent ausgeschildert, man ist da sehr geschickt im Ruppiner Land, auf Fontanes Spuren. Die Kopfsteinpflasterstraße war eine selbst gewählte Ausnahme. An manchen Stellen hatten die Steine etwas von einem Schildkrötenpanzer. Wenn ein Arbeitstag mal wieder richtig Fahrt aufnimmt und der Stress wächst, hätte ich gerne so viel Ruhe und Geduld wie diese Pflastersteine – oder eine Schildkröte.

ländliche Idylle
Rheinsberg

DIE ROUTE

SCHNELL-CHECK

START- UND ZIELPUNKT: Die Rundtour beginnt am Bahnhof in Neuruppin und endet auch dort. Die Stadt ist mit der Regionalbahn gut erreichbar. Rheinsberg ist ebenfalls an das Bahnnetz angebunden, man kann die Tour auch dort starten.

SCHWIERIGKEITSGRAD: Es gibt – bis auf den Abschnitt zwischen Rheinsberg, Binenwalde, Boltenmühle und Zermützel – keine größeren Steigungen, lediglich kleine Höhenunterschiede. In der MAZ-Variante geht es von Binenwalde nach Boltenmühle und Zermützel über einen Wanderweg durch den Wald, es kann aber auch die Landstraße benutzt werden. Die Tour ist recht lang und teilweise anspruchsvoll, mit einer eingeplanten Übernachtung kann man sie aber gemächlich angehen.

LÄNGE: 56 Kilometer (Fahrtzeit rund 4,5 Stunden). Bahnhof Neuruppin – Alt Ruppin – Krangen – Zippelsförde – Zechow – Rheinsberg – Braunsberg – Boltenmühle – Tornow – Zermützel – Molchow – Alt Ruppin – Neuruppin Bahnhof

DIE ROUTE: Die MAZ-Landpartie führt vom Bahnhof in Neuruppin auf einem straßenbegleitenden Radweg über Alt Ruppin nach Krangen und von dort auf einer sehr schönen Radstraße nach Zippelsförde. Der Radweg nach Rheinsberg ist ebenfalls asphaltiert, aber etwas verwurzelt. Von Rheinsberg nach Braunsberg haben wir uns wegen des historischen Flairs und der schönen Landschaft für eine malerische, aber huckelige Kopfsteinpflasterstraße entschieden – es kann aber ein straßenbegleitender Radweg nach Zühlen genutzt werden, von dort führt eine mäßig befahrene Landstraße nach Braunsberg (im Komoot-Routenplaner ist die Kopfsteinpflasterstrecke angegeben).

Von Binenwalde nach Zermützel geht es durch den Wald und bei der Schiebestrecke teilweise ziemlich steil bergauf und bergab, es gibt aber auch wieder die Möglichkeit, auf der Landstraße oder einer Strecke mit weniger Gefälle zu fahren. Der Weg am Binenbach entlang ist allerdings sehr schön. Von Zermützel führen mehrere Wege nach Neuruppin – wir haben uns für das Ostufer und die Route über Molchow entschieden (gut befahrbare Wald- und Feldwege und ein Stück Landstraße). Von Alt Ruppin geht es dann wieder auf einem straßenbegleitenden Radweg in die Fontanestadt. Insgesamt ist das Radnetz in der Region gut ausgebaut – es kann problemlos individuell variiert werden.

SEHENSWÜRDIGKEITEN: Bereits in Neuruppin lohnt eine Tour durch die Stadt mit vielen Denkmälern und prächtigen Gebäuden. Die Seepromenade verströmt maritimes Flair – hier befindet sich auch die Klosterkirche Sankt Trinitatis, eines der Wahrzeichen der Stadt. Auf der Landpartie gibt es schöne Dorfkirchen zu sehen. Rheinsberg verfügt über viele Sehenswürdigkeiten, unter anderem natürlich über das international bekannte Schloss und den dazugehörenden Park. Hier sollte man sich das Schloss von der Wasserseite ansehen. Es ist eines der ganz beliebten Fotomotive im Land Brandenburg. Dazu kommt auf der Tour die sehr schöne Landschaft – der Abschnitt zwischen Binenwalde und Boltenmühle mit dem Binenbach verströmt sogar einen Hauch von Mittelgebirge. Natürlich gehört die schöne Natur auf der gesamten Strecke zu den Sehenswürdigkeiten der Landpartie durch das Ruppiner Land.

EINKEHRMÖGLICHKEITEN: Auf der Tour gibt es diverse Einkehrmöglichkeiten – aber auch schöne Orte, um zu picknicken (beispielsweise am Ufer des Kalksees).

BADEMÖGLICHKEITEN: Es gibt viele Gelegenheiten, um ins Wasser zu springen. Malerisch ist die Badestelle am Nordostufer des Kalksees unter Bäumen – hier bekommt der Begriff Waldbaden eine völlig neue Bedeutung. Auch in Zermützel gibt es eine sehr schöne Badestelle mit Liegewiese.

MAZ-TIPP: Sich eine Übernachtung gönnen, in aller Ruhe den Sonnenuntergang am Kalksee genießen und ins Wasser springen.

Boltenmühle

Wo der Weihnachtsmann wohnt

Radtour nach Himmelpfort

Himmelpfort ist nicht nur im Winter, wenn dort Wunschzettel abgegeben werden, eine Reise wert. Denn im Norden Oberhavels lockt eine wunderbare Seenlandschaft.

Fürstenberg. So sieht Himmelpfort also aus: Märkische Idylle, eine Klosterruine mit rustikalem Charme, das Dorf ist von drei Seen auf einer Landzunge eingekreist. Auf einer Schlemmermeile mit Restaurants und Cafés vermischen sich Ausflügler und Radtouristen, wie in der Adventszeit im Weihnachtspostamt die Briefe. Hierher habe ich also damals in den Achtzigern, als der Weihnachtsverkauf nicht schon im September begann, meinen Wunschzettel geschickt, der mit den besten Wünschen auf die Reise ging. Ich kann mich nicht mehr an den Inhalt des Briefes erinnern, aber daran, dass es leise Zweifel gab, ob für die Adresse darauf auch wirklich ein realer Ort existiert. Und nun, vier Jahrzehnte, nachdem mein Füllfederhalter über das Papier kritzelte, stehe ich vor dem Wunschbriefkasten des schmucken Weihnachtspostamtes in Himmelpfort. Der Weihnachtsmann hat Geschmack bewiesen bei der Wahl seiner Dependance.

Die 34 Kilometer lange MAZ-Landpartie durch die Seenlandschaft im Norden des Landkreises Oberhavel hat in Fürstenberg begonnen, der Wasserstadt. Dem Wunschzettel von damals hinterher. Rad- statt Postweg, Sendungsnachverfolgung der speziellen Art. Die Route führt an der Mahn- und Gedenkstätte Ravensbrück vorbei – auf glattem, bis auf spärlichen Anliegerverkehr autofreien Asphalt. Lediglich hier und da hebt eine Wurzel dezent den Untergrund an. Ein Strom von Radfahrern und internationales Flair schwappt uns entgegen. Das exzellent an das Bahnnetz angebundene Fürstenberg/Havel ist ein radtouristischer Verkehrsknotenpunkt, eine Art Drehkreuz für Fahrradtaschen: Der Fernradweg Berlin-Kopenhagen, die märkische Route 66 für Radfahrer und viele lokale Routen durchziehen die Region, ein vielmaschiges, klug sortiertes Netz. Die Wegweiser werden von einem Schweif bunter Logos flankiert, wie die Werbetafeln eines Fußball-Bundesligisten. Am Bahnhof erklärt mir ein Einheimischer, wie ich nach Himmelpfort komme. Hinter mir warten schon die nächsten Radler, und der Mann erklärt geduldig weiter, die Ausflugsziele sind dicht gesät und eine Menge Radwege führen nach Fürstenberg.

Am Nachmittag brummen im Kräutergarten in Himmelpfort bei der ersten Pause Insekten statt Lastkraftwagen auf Autostraßen. Es geht nur langsam voran: Stop and go, im Tempo eines schwer beladenen Servierwagens – an jeder Ecke gibt es etwas zu besichtigen, zu essen oder zu trinken. Ich fräse mich voran, der Zeitplan wankt und kippt, zu Fall gebracht von klapperndem Besteck, Kaffee und Fischbrötchen.

Es entwickelt sich eine besinnliche Kaffeefahrt in die Gefilde des Weihnachtsmannes, anstatt eines zügigen Ausrittes. Er hätte nichts dagegen: Es ist ja kein Zeitfahren, sondern eine Landpartie. Es geht dann doch weiter und hinter der schönen Badestelle am Moderfitzsee stellt sich eine gewisse Gleichgültigkeit ein: Es ist eigentlich egal, wo es hier hingeht, Hauptsache weiter auf diesem herrlichen Weg. Warum nicht einfach bis Kopenhagen durchfahren? Auf der Strecke nach Lychen wird der Weg von einer Draisinenstrecke, einer Blaubeerkolonie und von Ferienparks begleitet, und weil es so schön ist, gibt es einige Urlaubsdomizile und Autokennzeichen aus allen Teilen der Republik. Ein Kölner erklärt im rheinischen Idiom, dass es ihm sehr gut gefällt. Die Sonne scheint, der Sommer lacht, wo der Fahrradlenker steht, ist der Mittelpunkt der Welt, die Tour klappt reibungslos: Mir fällt das kölsche Sprichwort „Et hätt noch immer jot jejange" ein.

Nach gut 15 Kilometern endet die Radtrasse, die Route führt nun über ruhige Nebenstraßen und durch schöne Dörfer. Vorbei an Kirchenruinen in Retzow und Altthymen, beide Gebäude wurden in unterschiedlichen Kriegen beschädigt. Der Feldsteinbau in Retzow wurde 1440 bei der Eroberung von Lychen zerstört, in Altthymen durchschlug „1945 eine einzige russische Granate das Kirchendach und leitete den unaufhaltsamen Verfall des Hauptraumes ein", heißt es auf der örtlichen Homepage. Kurz vor Dabelow, wo sich eine Wiese bis zum Horizont spannt und die hügelige Landschaft bereits nach Uckermark aussieht, wird die nächste Radtour-W-Frage (Wald? Wasser? Weite?) auf der Checkliste abgehakt. Am großen Kastavensee wartet vor malerischer Kulisse ein Badestellen-Ensemble: Das Wasser plätschert an einen kleinen Strand, daneben stehen ein Picknicktisch, Bänke, Schaukeln und ein Ameisenhaufen. Die Ameisenstraße erinnert ein bisschen an den Fernradweg, hier allerdings hat sich das Feld längst entzerrt. Am Bahnhof in Fürstenberg, der in der Abendsonne döst, sammelt sich das bunte Feld aber wieder, ein ganzer Schwung Radwanderer steigt in den Zug. Mein Fahrrad schlingert im Fahrradabteil, ein alter Drahtesel, immer froh inzwischen, wieder heil den Heimathafen zu erreichen – vom E-Bike so weit entfernt wie die Steckdose vom USB-Anschluss.

Es hat eine Tapferkeitsmedaille und die Kette mal wieder Kettenfett verdient. Märkischer Staub bedeckt den Rahmen. Neue Putzringe könnten nicht schaden. Vielleicht habe ich mir damals, gerade dem Stützrad-Zeitalter entwachsen, auf meinem Wunschzettel Fahrrad-Zubehör gewünscht. Demnächst gehe ich in den Fahrradladen und kaufe Putzringe. Vielleicht schreibe ich aber auch eine Postkarte an den Weihnachtsmann („Lieber guter Weihnachtsmann, schau dir mal mein Fahrrad an"), schließlich existiert der Wunschbriefkasten ja wirklich.

Dorfkirche Dabelow

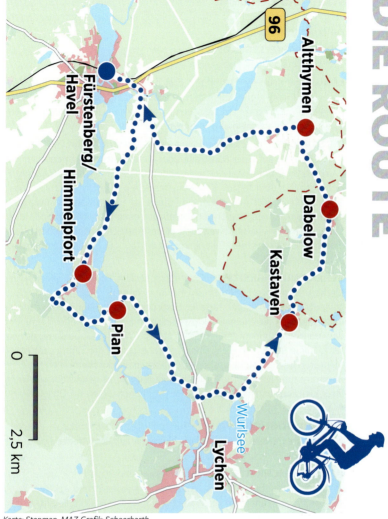

Karte: Stepmap, MAZ-Grafik: Scheerbarth

Moderfitzsee

SCHNELL-CHECK

START- UND ZIELPUNKT: Die Rundtour beginnt am Bahnhof in Fürstenberg/ Havel und endet auch dort. Die Stadt ist mit der Regionalbahn sehr gut erreichbar.

SCHWIERIGKEITSGRAD: Es gibt ein paar Steigungen auf der Strecke, die aber problemlos zu bewältigen sind.

LÄNGE: 34 Kilometer (Fahrtzeit drei bis vier Stunden). Bahnhof Fürstenberg – Mahn- und Gedenkstätte Ravensbrück – Himmelpfort – Pian – Bohmshof – Badestelle am Wurlsee vor den Toren der Stadt Lychen – Retzow – Kastaven – Dabelow – Altthymen – Bahnhof Fürstenberg

DIE STRECKE: Die 34 Kilometer lange MAZ-Landpartie führt vom Bahnhof in Fürstenberg auf einer Radstraße über Himmelpfort bis an das Ufer des Wurlsees bei Lychen. Von dort geht es auf ruhigen, schmalen, asphaltierten Nebenstraßen über Retzov, Kastaven, Dabelow und Altthymen zurück nach Fürstenberg. Immer mal wieder sind Steigungen zu bewältigen. Insgesamt ist das Radnetz in der Region gut ausgebaut – es kann problemlos individuell variiert werden – beispielsweise mit einem Abstecher nach Lychen. Wenn man sich aber etwas mehr Zeit nimmt, ist die Tour auch für ältere Menschen und Kinder geeignet.

SEHENSWÜRDIGKEITEN: Fürstenberg verfügt über eine sehenswerte Kirche und einen schönen Stadtpark, kurz hinter der Stadt führt die Tour an der Mahn- und Gedenkstätte Ravensbrück vorbei. In Himmelpfort gibt es unter anderem die ehemalige Klosteranlage mit den Ruinen der Kirche und des Brauhauses, einen Kräutergarten und das Weihnachtspostamt, das nur temporär in Betrieb ist, die Weihnachtsstube ist aber ganzjährig geöffnet. In mehreren Dörfern stehen schöne Dorfkirchen und Kirchenruinen mit einer interessanten Historie. Die Landschaft ist reizvoll, sie gehört zum Neustrelitzer Kleinseenland mit viel Wasser und idyllischen Orten. Bei Dabelow sieht es schon nach Uckermark aus.

EINKEHRMÖGLICHKEITEN: In Fürstenberg und Himmelpfort beispielsweise gibt es diverse Einkehrmöglichkeiten – auf der Strecke findet man auch schöne Orte, um zu picknicken.

BADEMÖGLICHKEITEN: An der Strecke befinden sich viele Badestellen, am Moderfitzsee beispielsweise gibt es einen kleinen Strand, auch am Wurlsee bei Lychen kann man ins Wasser springen. Die Badestelle am Großen Kastavensee ist traumhaft, mit Picknickplatz und Bänken.

MAZ-TIPP: Die Tour kann auch an einem wärmeren Tag gemacht werden – sie führt durch viele Waldabschnitte und streift vorzügliche Badestellen. Es gibt für jedes Wetter die richtige Radtour. Viel Zeit, Badesachen und Proviant einpacken und unterwegs an einem See ausspannen.

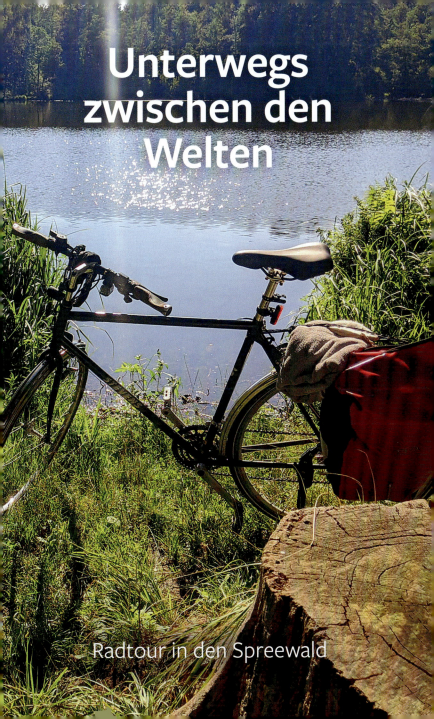

Unterwegs zwischen den Welten

Radtour in den Spreewald

Von Halbe aus geht es über Märkisch Buchholz, die kleinste Stadt Brandenburgs, bis nach Lübbenau. An der Strecke gibt es viel zu entdecken und zu genießen – unter anderem einen herrlichen Blick aufs Tropical Island.

Märkisch Buchholz. Am Weberplatz beginnt Arno Winklmann zu schwärmen, der Bürgermeister geht aus dem Sattel. „Der Platz und die Badestelle gleich daneben sind ein Kleinod, ich kann Ihnen nur ans Herz legen, sich das anzuschauen", schallt es aus dem Telefonhörer, „und natürlich haben wir noch viele andere schöne Ecken, die Urlauber und Wassertouristen, die hierherkommen, sind immer ganz begeistert von der Ruhe." Ob er stolz darauf sei, Märkisch Buchholz, der Stadt mit den wenigsten Einwohnern im Land Brandenburg – bei der letzten Erfassung der 113 Kommunen mit Stadtrecht waren es 834 Bürger – vorzustehen? Er sei stolz, der Bürgermeister seiner Heimatstadt zu sein, sagt Arno Winklmann, „aber dass sie die wenigsten Einwohner im Land hat, ist für mich nebensächlich. Wir werden ohnehin von vielen eher als Dorf wahrgenommen."

Der Zug stoppt ein paar Tage später am frühen Nachmittag im benachbarten Halbe, dem Startpunkt der MAZ-Landpartie. Die Hitze steht auf dem Bahnsteig, von einer Wolke am Himmel keine Spur. Das Tourziel, Lübbenau im Spreewald, ist noch 46 Kilometer entfernt und ich trinke erst mal einen Kaffee beim Bäcker. Schon besser. Ein Wildschwein, das Symbol des Hofjagd-Radweges, begleitet mich Richtung Südosten, später wird dann eine radelnde Gurke die Führung in den Spreewald übernehmen. Ein ungleiches Paar, wie Jack Lemmon und Walter Matthau, beide sehen aus, als hätten sie es eilig, als würden sie vor dem Jäger und dem Gurkentopf flüchten.

Aber der Reihe nach. Märkisch Buchholz liegt im Grünen: Ein kleiner Ort mit einem großen Wehr, in dem das Wasser kaskadenartig plätschert, wie man es selten sieht im Flachland. Im Zentrum steht eine schöne Dorfkirche, und eine Menge Rad- und Wanderwege durchziehen das Gebiet. Auf einem davon geht es zum Weberplatz im Stadtteil Köthen, der schon zum Unterspreewald gehört. Arno Winklmann hat nicht übertrieben, obwohl er das als Bürgermeister bei der Präsentation des Ortes von Amts wegen wohl ein bisschen dürfte: Das Live-Erlebnis kann mit der phantasievollen Schilderung problemlos mithalten. Der Wind streicht durch die Blätter, jeden sportlichen Ehrgeiz wegsäuselnd, in einer Gaststätte werden unter Bäumen kalte Getränke, Speisen und Eis serviert, die Badestelle verfügt über eine saftige Liegewiese mit Dusche und Umkleidekabinen. Das klare Wasser wird von einem kleinen Strand sanft gestoppt. Wenn ich gewusst hätte, dass ich bis Lübben keine Bademöglichkeit mehr entdecken sollte – an einem Tag, so heiß wie im Toaster –, wäre ich in den Köthener See gesprungen. So aber siegt die Unrast, ich trete in die Pedale Richtung Aussichtsturm auf dem Wehlaberg in den Krausnicker Bergen, der schon lange auf meiner Tourliste weit oben stand.

Erst einmal aber zieht eine Bilderserie für das Fotoalbum vorüber: Waldwiesen schimmern durch die Bäume, dann funkeln die drei Heideseen in der Sonne. Angler haben an einer Schutzhütte ihr Lager aufgeschlagen, direkt neben dem Weg fängt ein Haubentaucher einen Fisch und bringt ihn seinem Nachwuchs. Wundervolle Welt, Louis Armstrong muss hier gewesen sein, als er seinen epochalen Hit schrieb. Bergspitze und Turm ragen steil aus der flachen Umgebung, wie seine aufgeblasenen Backen und die Trompete, als würde er im Liegen den Himmel anspielen. Ich schnaufe den 144 Meter hohen Wehlaberg hoch, das Fahrrad eine windschiefe Gehhilfe, der Puls tanzt Flamenco. Pause auf halber Strecke und nicht einmal der Fußballtrainer Eduard Geyer, der in der Lausitz sein Cottbusser Ensemble zum Laufen brachte, könnte mich auf Trab bringen.

Der Aufstieg zum Wehlaberg hat etwas von einem Projekt, den Gipfel muss man sich hart erarbeiten. Höher hinaus als dem Wehlabergturm geht es in Brandenburg kaum. Oben ist es still, wie vor einem Ivan-Lendl-Aufschlag, nachdem der Ex-Tennisstar das unruhige Publikum zurechtgewiesen hat. Die Aussicht schlägt entgegen wie ein krachender Aufschlag. Ein endloser Grünstreifen aus Wald, das grüne Gewölbe auf märkisch, die Cargolifterhalle liegt wie eine der Länge nach zerteilte, dickbauchige silberne Gurke in der Landschaft. Es ist ja schon lange das Tropical Island, aber ein bisschen bleibt das monströse Gebäude auch die Cargolifterhalle, wenn man damals mitverfolgt hat, wie Brandenburg versucht hat abzuheben.

Am Boden gibt das Land eine glanzvolle Vorstellung ab auf der Weiterfahrt. Auf den Wegweisern stehen bereits die sorbischen Ortsnamen als verbale Vorboten einer anderen Welt. Lübben ist auch Lubin, der Spreewald heißt auch Blota und am Hafen in Lübben taucht man endgültig ein in eine bunte, schimmernde Parallelwelt auf Fließen und Kanälen. Ein bisschen Venedig, ein bisschen Amsterdam – und doch tiefstes Brandenburg. Märkische Grachten und Trachten, Urlaubsatmosphäre. Mittendrin, aber doch ganz woanders. Das Bild prägen Süßwasser-Seebären mit Kapitänsmützen, paddelnde Familien und schwere Pferde, die Kremser ziehen.

Am Abend erreichen Stahlross und Reiter ziemlich geschafft den Hof. Ich stoppe die Aufzeichnung der GPS-Daten, Märkisch Buchholz ist ein kleiner Punkt auf der Karte, die Nummer sechs der kleinsten Städte Deutschlands.

Der schöne Weberplatz und die lauschige Badestelle liegen in der Ferne. Wenn ich Bürgermeister in einer so schönen Gegend wäre, würde es für mich auch keine große Rolle spielen, ob es nun die kleinste Stadt Brandenburgs ist oder nicht.

DIE ROUTE

Karte: Stepmap, MAZ-Grafik: Scheerbarth

Blick vom Wehlaberg auf das Tropical Island

SCHNELL-CHECK

START- UND ZIELPUNKT: Die Tour beginnt am Bahnhof in Halbe und endet am Bahnhof in Lübbenau. Beide Orte sind mit der Regionalbahn gut erreichbar.

SCHWIERIGKEITSGRAD: Es gibt ein paar Steigungen auf der Strecke, aber wenn man sich etwas mehr Zeit nimmt, ist die Tour auch für ältere Menschen und Kinder geeignet. Achtung: Der Anstieg auf den 144 Meter hohen Wehlaberg ist ziemlich steil – man kann den Aussichtsturm aber gegebenenfalls auch umgehen und direkt von Köthen nach Krausnick fahren.

LÄNGE: 46 Kilometer (Fahrtzeit drei bis vier Stunden). Bahnhof Halbe – Märkisch Buchholz – Köthen – Aussichtsturm Wehlaberg – Krausnick – Lubolz – Lübben – Bahnhof Lübbenau

DIE STRECKE: Die MAZ-Landpartie führt vom Bahnhof in Halbe bis nach Lübbenau in den Spreewald. Startort ist der Bahnhof in Halbe, von dort führt ein straßenbegleitender Radweg (dem Hofjagdweg folgen) nach Märkisch Buchholz. Nach Köthen geht es auf einer wenig befahrenen Nebenstraße, zum Wehlaberg auf Waldwegen. Der Anstieg zum Wehlaberg ist sehr steil, aber die Aussicht grandios. Nach einem Stück Waldweg nach Krausnick geht es auf dem gut ausgebauten Gurkenradweg über Lubolz und Lübben nach Lübbenau.

SEHENSWÜRDIGKEITEN: Die Tour bietet viele Highlights aus den unterschiedlichsten Kategorien. In Märkisch Buchholz gibt es beispielsweise ein mehrstufiges Wehr und im Ortsteil Köthen ein schönes Naturfreibad. Die Aussicht vom Turm auf dem Wehlaberg gehört zu den spektakulärsten der Region. Lübben und Lübbenau verfügen neben dem Spreewald mit seiner Fülle an idyllischen und interessanten Orten über bekannte, sehenswerte Binnenhäfen – hier kann auch genossen und geschlemmt werden. In beiden Städten gibt es Schlösser und Stadtkerne mit vielen historischen Elementen. In mehreren Dörfern findet man schöne Dorfkirchen und Kirchenruinen mit Infotafeln. Die Landschaft ist auf der gesamten Strecke sehr abwechslungsreich und reizvoll, die Heideseen sind malerische Waldseen.

EINKEHRMÖGLICHKEITEN: In Lübben und Lübbenau findet man diverse Einkehrmöglichkeiten – aber auf der Strecke gibt es ebenfalls Gaststätten und außerdem schöne Orte, um zu picknicken.

BADEMÖGLICHKEITEN: An der Strecke befinden sich mehrere Badestellen, beispielsweise in Köthen ein sehr schönes Naturfreibad. Hinter Lübben an der Hauptspree kann man ebenfalls ins Wasser springen.

MAZ-TIPP: Im Spreewald eine Kahnfahrt machen und sich ohne Eile durch diese ganz besondere Region treiben lassen.

Lübbenau

Bruschetta, Bauernfrühstück und Bergetappe

Radtour durchs Havelland

Wie man viel Radfahrkomfort auf gutem Asphalt, viel Natur, eine märkische Bergetappe, Traumstrände und kühne Architektur verbindet? Ganz einfach: Bei der 66 Kilometer langen MAZ-Landpartie von Nauen nach Rathenow.

Nauen. Die Kulisse ändert sich abrupt, begleitet von einem feinen Summen der Reifen, das den fliegenden Tapetenwechsel von Stadt und Land untermalt. Der Nauener Stadtrand zieht vorbei und plötzlich weitet sich die Landschaft des Havellandes. Gerade noch im Zugabteil, stehe ich jetzt auf einem Hügel bei Lietzow: Felder räkeln sich in der Sommersonne, der Himmel ein blaues Wunder. Nauen, der Startort der 65 Kilometer langen MAZ-Landpartie durch das Havelland nach Rathenow, ist gerade im Rückspiegel verschwunden. Tief einatmen, Landluft macht frei, dann geht es weiter auf dem Havelland-Radweg, einer bestens asphaltierten Ost-West-Tangente im Radverbundnetz: Wenn es mal wieder schnell gehen muss, wenn man sich richtig die Beine vertreten muss im Sattel, ist der Highway genau richtig. Weil ich eine Landkarte aus Altbeständen mitführe, gibt es seit Längerem mal wieder Brandenburg à la carte: Der Radweg schlängelt sich mit einer sanften Kurve wie ein Spaghetti durch die Landschaft und ist al dente – schön bissfest für die Reifen. Es wird heiß serviert: Die Sonne brütet Brandenburg durch. Die Dörfer ruhen in der Hitze. Typische Samstagnachmittagsstimmung: Keine Termine, keine Hektik, eine lange Not-to-do-Liste und der Mittagsschlaf ist der größte Aufreger. Es geht weiter durch die flirrende Landschaft. Ein Zug steht bei Paulinenaue am Ende einer Freifläche, und in der Mitte ein Container mit der Aufschrift „Evergreen": In einer passenderen Gegend als hier konnte man den Waggon nicht abstellen, auch wenn die Natur bereits ins Gelb-bräunliche abschwenkt. Der Geruch von geschnittenem Getreide liegt in der Luft, hier und da weht der Staub eines Erntefahrzeuges herüber. Ich rolle weiter im Zeichen eines roten Adlers, dem Symbol des Havelland-Radweges.

Der Schnelldurchlauf: Ein Rastplatz hinter Pessin unter dicken Bäumen würde es mühelos in die Top-Ten der idyllischsten brandenburgischen Picknick-Orte schaffen, gleich dahinter steht eine Infotafel mit der spannenden Geschichte des Paulinenauer Waldbären, eines legendenumwobenen Außenseiters, der viele Jahre in den Wäldern lebte. Ein Tümpel liegt malerisch in den Feldern: Eine kleine Oase, umrahmt von Bäumen, aber das bouletten-braune Wasser ist nicht zum Baden geeignet, sondern eher ein Wasserloch für Tiere. Ab und zu geht es durch Waldstücke, schön und kühl, wie ein kalter Umschlag gegen die Hitze, die flimmernd die Landschaft regiert. In dieser dösigen Stimmung passiert mir dann ein Malheur, kurz hinter Pessin. Irgendjemand hat bei einer Kunstaktion auf den Schwahbergen eine Art Thron gebaut, der aussieht wie ein Hochstand, auf der Spitze befinden sich ein Sitz, um in die Ferne zu schauen, und ein Schild im Pfeilformat mit der Aufschrift „ein weites Feld". Ich setze mich hin und die Kopfhörer auf. Musik strömt, Element of Crime vermischt sich mit dem Havelland und als ich nach einer Weile weiterfahre, setze ich mich aus einem unerfindlichen Grund in die falsche Richtung in Bewegung, obwohl der Weg bestens ausgeschildert ist. Die Wege des Fahrradlenkers sind manchmal unergründlich.

Ich lande also in einem Moment der Zerstreutheit in Liepe statt in Senzke. Der Navigationsfehler beschert Bruschetta und Bauernfrühstück unter Bäumen in der alten Brennerei. Vögel zwitschern im Schatten unter Bäumen beim Boxenstopp für Körper und Seele, im Horst auf dem Ziegelschornstein thronen drei Störche. In die Sommerluft mischt sich Essensgeruch: Ein Gemisch aus getrockneten Tomaten, Balsamico und saurer Gurke und ich ärgere mich dann, dass ich mich verfahren habe, als ich auf Plattenwegen auf den Kurs zurückkehre, weil die Zeit drängt und ich das fehlende Teilstück noch mal fahren muss und dann ärgere ich mich, dass ich mich darüber ärgere, weil überhaupt nichts Dramatisches passiert ist. Ein bisschen Verfahren ist keine Tragödie, sonst könnte man ja auch auf den Hometrainer steigen und ein Havelland-Video dabei schauen.

Der Tag ist inzwischen durchgeplant wie der Start einer Mars-Expedition, das Frühstücksei darf nicht trödeln, nichts schieflaufen, alles läuft in geordneten Bahnen und eigentlich ist es mir dann schon wieder fast recht, dass etwas schiefgelaufen ist auf der Lars-Expedition. Der sicherste Platz für das Fahrrad ist der Keller, aber dafür ist es nicht gemacht.

Am Horizont zeichnen sich schon die Konturen des Hohen Rotts ab. Ich freue mich auf die Erhebung, für havelländische Maßstäbe schon fast das Dach der Welt. Es geht dann auch ordentlich bergauf – wegen der Steigung wird seit mehreren Jahren das beliebte Kotzener Bergzeitfahren ausgetragen. Bei der Landpartie aber gibt es keine Zeitenhatz und auch die B-Note ist egal, wenn man schnaufend den märkischen Tourmalet aufwärts schlingert und sich am Lenker festhält. Eine Abkühlung wäre schön, aber die erste Bademöglichkeit, die ich ansteure, ist der Hohennauener-Ferchesarer See. Die Strände sind traumhaft, das Wasser klar und kühl und als ich schwimmen gehen will, stelle ich fest, dass ich keine Badehose eingepackt habe. Es bleibt bei einem Fußbad (aber immerhin haben die ja die meiste Arbeit bei einer Radtour). Der langgestreckte See mit seinen Traumstränden glitzert und funkelt in der nun schon tiefstehenden Sonne, man weiß hier am Ufer des Hohennauener-Ferchesarer

Sees, woher das Wort Seeperle kommt. In Rathenow, dem Ziel der Tour, spannen sich die Weinbergbrücken spektakulär über die Havel, die Stadt der Optik hat schöne Ecken. Ich beschließe, die Gelegenheit zu nutzen und zu übernachten, um am nächsten Morgen noch Richtung Stechow zu fahren, und ergattere noch eine Unterkunft. Am nächsten Vormittag regnet es in Strömen, als wolle das Havelland nach der Hitzeschlacht am Tag zuvor zeigen, dass es auch very british sein kann. Nur ein paar angestellte Sprenger erinnern an das Sonnenbad gestern. Die Natur atmet auf, der hitzige Sommer macht Pause.

Ich puste tief durch und hole den Regenumhang raus, um den fehlenden Streckenabschnitt abzuradeln und am Bahnhof in Buschow in den Zug zu steigen. Das Havelland liegt unter einem dicken Tiefdruckgebiet, das Hohe Rott dampft im Nebel: Wölkchen umwabern die Baumspitzen wie eine ordentliche Portion Lametta. Klar muss das Dach der Welt auch mal im Nebel liegen. Der Regenumhang knattert im Wind, signalrot und groß wie ein Viermannzelt. Ich fahre das fehlende Stück Havelland-Radweg, es muss schließlich alles seine Ordnung haben. Es ist Mittagszeit, Liepe zieht in der Ferne vorüber. Bruschetta und Bauernfrühstück waren exzellent. Ich halte den Kurs, aber eigentlich sollte man sich öfter mal verfahren und Mut zur Lücke im Routenplaner haben.

Weinbergbrücke Rathenow

Alte Brennerei Liepe

START- UND ZIELPUNKT: Die Tour beginnt am Bahnhof in Nauen und endet in Rathenow. Beide Städte sind mit der Regionalbahn gut erreichbar. Die Tour kann auch verkürzt werden, wenn man nicht bis Rathenow radelt, sondern beispielsweise in Nennhausen oder Buschow in den Zug steigt.

SCHWIERIGKEITSGRAD: Es gibt – bis auf den Abschnitt am Hohen Rott vor Stechow – keine größeren Steigungen auf der Strecke, lediglich kleine Höhenunterschiede.

LÄNGE: 66 Kilometer (Fahrtzeit vier bis fünf Stunden): Bahnhof Nauen – Lietzow – Berge – Ribbeck – Paulinenaue – Pessin – Senzke – Kriele – Kotzen – Stechow – Ferchesar – Semlin – Bahnhof Rathenow

DIE STRECKE: Die MAZ-Landpartie führt vom Bahnhof in Nauen auf dem Havelland-Radweg (über weite Teile gut asphaltiert, ein paar Teilstücke bestehen aus gut befahrbarem, großformatigem Betonpflaster und ein kurzer Abschnitt zwischen Paulinenaue und Bienenfarm führt über eine ruhige Landstraße) bis nach Stechow. Dort verlässt die Tour die Radtrasse und führt über straßenbegleitende Radwege nach Ferchesar und Semlin. An der B 102 führt dann ein straßenbegleitender Radweg nach Rathenow. Insgesamt ist das Radnetz in der Region sehr gut ausgebaut – es gibt viele thematische Touren und man kann problemlos individuell variieren. Beispielsweise kann die MAZ-Landpartie bis zum Bahnhof Nennhausen als Endstation geplant werden – oder von Stechow direkt auf einer sehr guten Radstraße (Havelland-Radweg) durch den Wald nach Rathenow gefahren werden. Bei einem Abstecher nach Liepe kann in der Alten Brennerei eingekehrt werden. In Rathenow hat man Anschluss an den Havel-Radweg und die Tour Brandenburg.

SEHENSWÜRDIGKEITEN: Nauen verfügt über einen schönen historischen Stadtkern, auch in Rathenow gibt es sehr schöne Orte – beispielsweise an der Havel. Die spektakuläre Weinbergbrücke – eines der vielen Elemente aus dem BUGA-Jahr – für Radler und Fußgänger verbindet moderne Architektur mit der idyllischen Havel-Flusslandschaft. Sehenswert ist die St.-Marien-Andreas-Kirche. Auch in vielen Dörfern am Radweg gibt es schöne Dorfkirchen. Ribbeck, vielbeschrieben und vielbesucht, gehört mit seinem historischen Ortskern, dem Schloss und dem berühmten Birnenbaum zu den wohl bekanntesten Ausflugsorten der Region. Eine der Attraktionen ist auch das Fintelmannhaus in Senzke. Natürlich gehört die Natur auf der gesamten Strecke zu den Sehenswürdigkeiten der Landpartie durch das Havelland.

Auf den Schwahbergen zwischen Pessin und Senzke ist bei einer Kunstaktion eine Mischung aus Hochsitz und Holzthron aufgestellt worden. Ferchesar und Semlin mit schönen Stränden, dem idyllischen See und Einkehrmöglichkeiten sind einen Besuch wert. Hinter Pessin gibt es ein malerisch gelegenes Wasserloch mit Picknickplatz, unweit davon befinden sich ein weiterer schöner Rastplatz und eine Infotafel über den legendären Paulinenauer Waldbären.

EINKEHRMÖGLICH-KEITEN: In Nauen, Ribbeck, Ferchesar und Rathenow findet man diverse Gaststätten und Restaurants. Auf der Tour gibt es hin und wieder gastronomische Einrichtungen, in Stechow befindet sich eine Tankstelle. Bei einem Abstecher nach Liepe, das nicht direkt am Havelland-Radweg liegt, kann dort in der Alten Brennerei gegessen werden. Man findet aber auch unterwegs viele schöne Orte, um zu picknicken.

BADEMÖGLICH-KEITEN: Man kan in Ferchesar und Semlin ins Wasser springen – und das auch noch in einer sehr schönen Umgebung: Am Hohennauener-Ferchesarer See gibt es tolle Badestellen mit Stränden und Liegewiesen.

MAZ-TIPP: Die Tour an einem weniger heißen Tag machen, es gibt Abschnitte mit wenig Schatten, und auf einem relativ langen Streckenabschnitt bin ich auf keine Bademöglichkeiten gestoßen. Sich Zeit nehmen und die vielen besonderen Orte und unterschiedlichen Facetten des Havellandes genießen.

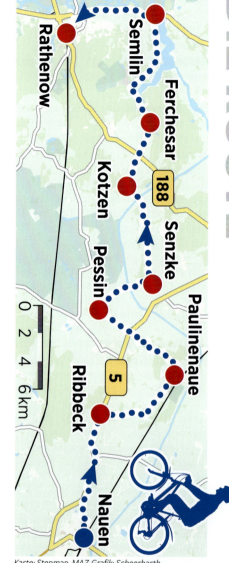

Karte: Stepmap, MAZ-Grafik: Scheerbarth

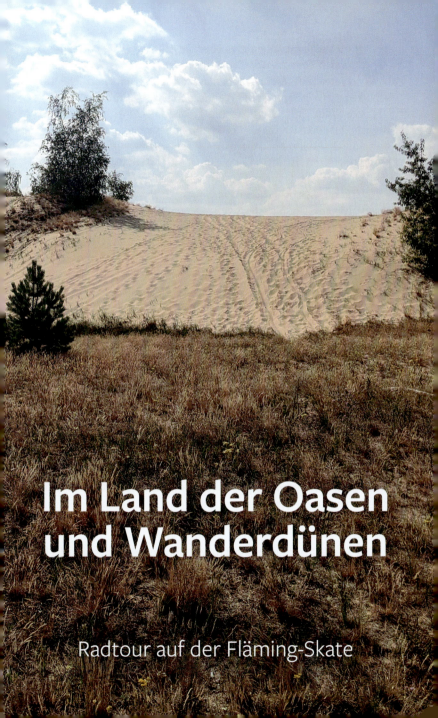

Im Land der Oasen und Wanderdünen

Radtour auf der Fläming-Skate

V*on Luckenwalde geht es über die Fläming-Skate nach Jüterbog und wieder zurück. Die Strecke im Landkreis Teltow-Fläming bietet jede Menge Sehenswürdigkeiten und herrliche Landschaften. Ein Highlight ist die Wanderdüne nahe Luckenwalde.*

Luckenwalde. Herr Hauffe hatte ja gewarnt. „Der Weg zur Wanderdüne ist nicht zum Radfahren geeignet", hatte er gesagt, und es ist schnell klar, dass Andreas Hauffe, der Experte der Stiftung Naturlandschaften Brandenburg, völlig Recht hat. Ich schiebe also hinter Luckenwalde über eine Kopfsteinpflasterstraße. Schritt für Schritt durch eine ausgezehrte Landschaft – gespickt mit wüstenähnlichen Elementen wie in einem Italowestern. Eine Kulisse, wie gemacht für schießwütige Halunken und Hufgetrappel, und eigentlich wäre hier, auf dem ehemaligen Truppenübungsgelände, der Sattel eines Pferdes oder der Marsrover ein geeigneteres Beförderungsmittel.

Nach zwei Kilometern durch die unwirkliche, unwirtliche Heide, in der Panzergrenadiere jahrzehntelang die Landschaftsplanung übernommen hatten, liegt die Wanderdüne vor mir: Ein sandiges Wunder der Natur. Der Wind hat behutsam in der märkischen Heide einen gelben Hügel geformt, der sich aus der Prärie wölbt wie der Bauch von Bud Spencer unterm Hemd. Der Fußmarsch hat sich gelohnt: Die Wanderung durch das „NSG Forst Zinna Jüterbog-Keilberg" – wie es offiziell heißt – ist eine Art Bonus-, Bildungs- und Kontrastprogramm der MAZ-Landpartie über die Fläming-Skate mit ihrem exzellenten Asphalt.

„Leonid Breschnew und Erich Honecker waren hier, bei Manövern des Warschauer Paktes", hat Andreas Hauffe am Telefon erzählt, „damals war der Ort eine einzige Sandfläche. Im Übrigen ist die Düne eigentlich eine Binnen- und Flugsanddüne, aber sie wird allgemein nur Wanderdüne genannt." Ich sortiere das Gepäck nach der Stuckerei: Die Wasserflasche ist dehydriert, die Badehose trocken wie Biscuit aus der Kaiserzeit. Kaum zu glauben, dass wir gerade eben noch in einer Oase gelegen haben, oben im Freibad in Wahlsdorf, nur zwei Finger auf der Landkarte entfernt und doch ganz woanders.

Eine Stunde zuvor: Quietschbunte Schwimmtiere wiegten sich in der blauen Lagune, fast schon damals, kühle Getränke und heiße Fritten nur einen Satz am Tresen des Kioskes entfernt. Die Liegewiese war ein saftiger, grüner Magnet. Auch Bad Spencer dürfte hier seine Freude gehabt haben, als ehemaliger Olympiaschwimmer. Ein Ort zum Altwerden. Als es trotzdem weitergeht, ist es ein bisschen wie auf der Bounty-Expedition, als das Paradies verlassen wird – aber die Meuterei der Badehose wird niedergewrungen.

Fläming Skate bei Neuhof

Die Tour hat am Bahnhof in Luckenwalde begonnen und folgt – bis auf den Weg zum Bahnhof und Abstechern nach Jüterbog und zur Wanderdüne – dem Rundkurs Nummer fünf der Fläming-Skate. Es geht nach Jänickendorf und Holbeck, dort wartet die erste Oase: Der Holbecker See, mit Strand und Schilf. Eine willkommene Abkühlung! Der Golmberg, mit 178 Metern der höchste Berg des Landkreises Teltow-Fläming, wirft schon seinen Schatten voraus und hinter dem Ort beginnt dann eine lange, knapp 100 Meter hohe Steigung bis Petkus: Die Kante in der Landschaft, an der das Baruther Urstromtal endet und der Fläming beginnt, gehört zu den stärksten Reliefen in Brandenburg. Die Kiefern stehen hier in Reih und Glied, als hätte sie ein Kieferchirurg ausgerichtet.

Wir steigen aus dem Sattel und schieben, Latschenkiefer – Waldbaden mit dem Fahrradlenker in der Hand. Es geht auf und ab durch den sonnengetränkten Fläming, ein dünnbesiedeltes, weites Gebiet. Mähdrescher im Roggen'n'Roll-Modus, eine dicke Staubfahne im Schlepptau. Hinter dem Bergdorf Schlenzer wartet eine lange Abfahrt unter Eichenbäumen: Eine Baumfrucht löst sich und fällt auf meinen Kopf. Tock. Wir fahren nach Jüterbog mit seinen prächtigen historischen Bauten, dann kehren wir zurück auf die Fläming-Skate und es geht dem Endpunkt Luckenwalde entgegen. Es gibt dann Abendbrot in Kolzenburg, einem schönen Ort mit Spielplatz und einem kleinen Teich auf dem Dorfplatz. Als ich am Abend die Treppe zur Wohnung hochgehe, die letzte Steigung des Tages, fühle ich mich, als habe man alle Schrauben frisch angezogen. Ich streife die Schuhe ab, vor der Tür liegt ein feiner Sandstreifen. Schon klar, warum man die Wanderdüne so nennt.

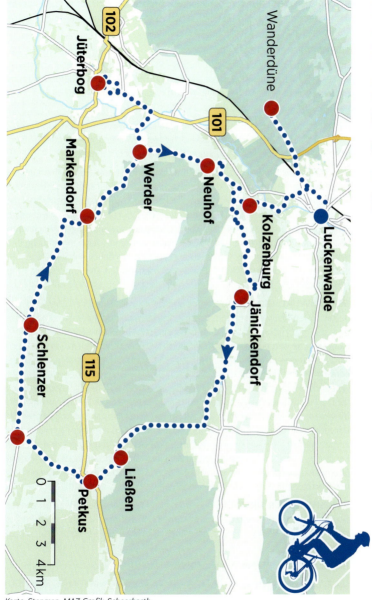

Karte: Stepmap, MAZ-Grafik: Scheerbarth

SCHNELL-CHECK

START- UND ZIELPUNKT: Die Rundtour beginnt am Bahnhof in Luckenwalde und endet dort. Auch am Bahnhof in Jüterbog kann gestartet werden – beide Städte sind mit der Regionalbahn gut erreichbar.

SCHWIERIGKEITSGRAD: Da sich die Tour am Übergang vom Baruther Urstromtal zum Fläming bewegt, gibt es einige Steigungen und Abfahrten (beispielsweise bei Schlenzer, Ließen, Petkus, Wahlsdorf). Der Weg zur Wanderdüne ist zum Radfahren nicht geeignet (jedenfalls nicht für normale Tourenräder).

LÄNGE: 77 Kilometer – allerdings mit Abstechern nach Jüterbog und zur Wanderdüne (Fahrtzeit rund fünf Stunden). Bahnhof Luckenwalde – Jänickendorf – Holbeck – Ließen – Petkus – Wahlsdorf – Schlenzer – Markendorf – Werder – Jüterbog – Neuhof – Kolzenburg – Wanderdüne – Bahnhof Luckenwalde

DIE STRECKE: Die Strecke der MAZ-Landpartie führt vom Bahnhof in Luckenwalde über den Rundkurs fünf des Fläming-Skates zurück auf straßenbegleitenden oder separaten Radwegen zurück nach Luckenwalde. Jüterbog ist ebenfalls an die exzellent asphaltierten Skaterkurse angebunden. Der rund zwei Kilometer lange Weg zur Wanderdüne besteht aus Kopfsteinpflaster sowie sandigen Abschnitten und ist eine Schiebestrecke. Räder können auch am Rande des Naturschutzgebietes angeschlossen werden. Die Tour kann verkürzt werden, wenn die Abstecher nach Jüterbog oder zur Wanderdüne ausgelassen werden. Der Rundkurs ist rund 50 Kilometer lang.

SEHENSWÜRDIGKEITEN: Jüterbog und Luckenwalde verfügen über Stadtkerne mit vielen historischen Elementen. In Luckenwalde befinden sich am Marktplatz das historische Gebäude des Rathauses, das Heimatmuseum, die Sankt-Johannis-Kirche und der Marktturm. In Jüterbogs beeindruckendem Stadtzentrum wird wegen der vielen historischen Bauwerke wie mehreren Kirchen, der Stadtbefestigung mit drei Stadttoren oder dem Rathaus Geschichte lebendig. Es gibt viele andere imposante Gebäude und außerdem einen schönen Schlosspark. Auch die Dorfkirchen auf der gesamten Tour sind sehenswert. Die Landschaft mit dem für brandenburgische Verhältnisse extrem kantigen Übergang vom Baruther Urstromtal zum Fläming, die Bergdörfer und die Natur sind ebenfalls Highlights. Wie immer warten viele kleine und größere Entdeckungen am Wegesrand wie der Funkturm oder die Friedensmühle und der Gutshof in Petkus – jedes Dorf verfügt über sehenswerte Orte und Bauwerke. Schlenzer beispielsweise hat einen schönen Dorfkern mit Kirche, einem kleinen Weiher und einer Gaststätte.

EINKEHRMÖGLICHKEITEN: In Jüterbog und Luckenwalde findet man diverse Gaststätten und Restaurants, auch in Kolzenburg, Werder, Schlenzer und Petkus kann eingekehrt werden. Es gibt aber auch unterwegs viele schöne Orte, um zu picknicken.

BADEMÖGLICHKEITEN: Wahlsdorf, Luckenwalde und Jüterbog haben Freibäder.

MAZ-TIPP: Bei Andreas Hauffe oder seinen Kollegen eine Führung durch die Stiftungsflächen buchen. Es gibt diverse Wanderungen und Exkursionen – unter anderem zur Wanderdüne und auf den Spuren des Wolfes.

Burgen, Hochflächen, Bergdörfer, imposante Trockentäler: Die MAZ-Landpartie führt dieses Mal in die Welt der Findlinge, Schollen- und Riesensteine – in den Hohen Fläming.

Bad Belzig. Punkt 18 Uhr kommt Bewegung auf den Berg, oben beim Wasserturm: Glockengeläut weht von der Dorfkirche herüber, ein Esel macht lauthals „Iiiaaahh", Schafe blöken und der Sound aus dem Streichelzoo klingt wie eine lokale Version der Bremer Stadtmusikanten. Ich klettere die Stufen zur Aussichtsplattform hoch, die an der höchsten Stelle des Dörfchens Garrey steht. Es gibt landschaftliche Feinkost für das Auge: Der Blick über den Hohen Fläming ist herrlich, der Himmel blauer als eine Haubitze, die Wolken weiße Riesen. Magic Moment. Wenn man alle Zutaten nimmt und mit etwas Sonnabendnachmittags-Melancholie mischt, kommt eine ordentliche Portion Heimatgefühl raus. Die Landpartie rund um Bad Belzig, in die Grenzregion zu Sachsen-Anhalt – das Luther-Land, ist nur ein paar Reifenlängen entfernt – hat sich schon für diesen einen, schwerelosen Augenblick gelohnt.

Die 52 Kilometer lange MAZ-Rundtour durch den brandenburgischen Höhenzug Nummer eins hat am Bahnhof in Bad Belzig begonnen, an einem Freitagabend. Der Regionalexpress spuckt Pendler und Wochenendausflügler auf den Bahnsteig. Es liegt schon ein ordentlicher Anflug des Herbstes in der Luft. Wir müssen auf dem Europaradweg Richtung Süden ein bisschen in die Pedalen treten, weil der graue Schleier der Dämmerung bereits das Land einspinnt, aber wir kommen gut voran und strampeln den Alltag ab wie einen unbequemen Anzug. Ich habe endlich mal eine längere Sattelstange besorgt, ein zu tiefer Sattel ist wie ein zu kurzes Bett oder eine zu kurze Decke.

Zur Illustration, wie von Hagemeister und Rubens gemeinsam mit ihren besten Pinseln gezeichnet, ziehen Flämingdörfer im Feierabendmodus und die Rundungen sanft geschwungener Hügel vorüber. Am Fuße der Burg Rabenstein stehen die Bäume bereits finster Spalier: Früher wäre die Hauptgeschäftszeit von Strauchdieben, Wegelagerern und anderen zwielichtigen Gesellen angebrochen, jetzt rauscht im Hintergrund die A 9 wie die Brandung eines Meeres – nur ohne frische Luft. Ich war mal mit meinem Sohn hier, damals, in seinem Zahnlücken-Zeitalter: Oben auf dem Bergfried thronten wir wie Könige über der Welt, Knirps und Knappe, eine Eiswaffel war das Zepter. Heute lassen wir die Festung links liegen und passieren die brummende Verkehrsstrasse durch eine Unterführung.

Es geht dann noch mal ordentlich bergauf, die Augen rufen Danke, wegen der schönen Aussicht, die Waden vielen Dank, wegen der sportlichen Steigung. Hinter Klein Marzehns führt eine Radstraße durch den Wald, wir rollen durch das letzte Licht des Tages – dann empfängt uns am Rande einer Hochebene Garrey, von einem knallroten Sonnenuntergang prachtvoll illuminiert. Geschafft. Angekommen im Wochenende. Der Dorfname klingt irgendwie irisch, nach einem liebenswerten, angenehm schrulligen Gesellen von der grünen Insel, der sich im Fläming niedergelassen hat. Es hat wirklich jemand im Vorfeld der Tour gefragt, wer denn Garrey ist.

Es lässt sich kein irisches Garrey im Internet finden, dafür existiert ein dörflicher Namensvetter in der Region Nouvelle-Aquitaine im Südwesten Frankreichs – aber der Name Garrey kommt nicht aus der Ferne, sagt Andreas Grünthal. „Wenn Leute unseren Ortsnamen aussprechen, kommt es gelegentlich vor, dass es wie ein englisches Gary klingt, aber Garrey dürfte vom slawischen Wort Gora – Berg – kommen. Der Ort liegt ja auf einem Berg", berichtet der Ortsvorsteher.

Das flämische Garrey hat bei Dorfschönheits-Wettbewerben schon vordere Platzierungen belegt und es wird schnell klar, warum: Es gibt ein schönes Ensemble mit einem Teich voller Seerosen, perfekt drapiert auf der Wasseroberfläche, einer restaurierten Feldsteinkirche, einem Feldteich am Ortsrand, dem geschickt sanierten Wasserturm mit einem kleinen Museum und Aussichtsplattform.

Wenn man im Dorf mit Sightseeing fertig ist, kann man zur Neuendorfer Rummel (es heißt die Rummel, man legt Wert auf den feinen Unterschied) radeln oder spazieren über einen Feldweg – im Spätsommer ein Schnäppchenparadies der Natur: Die Äste der Bäume biegen sich von der Last der Pflaumen, auch Brombeersträucher bieten ihre Früchte an.

Der Zugang ist unscheinbar, mit einem grünen Eingangstor, wie zu einem Gartenpavillon. In der Rummel ist es ganz still, kein Rattern der Gespensterbahn, kein Klacken von Luftgewehren, wie damals auf der Kirmes, als das Kettenkarussell noch der klimafreundliche Ferienflieger war und Zuckerwatte Wolke sieben. Eine Berg- und Talbahn aber hat auch der Rummel bei Garrey und blitzende Lichteffekte, wenn am Vormittag das Sonnenlicht durch das Blätterdach in das Trockental schimmert, das die Eiszeit hinterlassen hat.

Es gibt viele Rummel: Märkische Canyons, und die langgezogene Neuendorfer Rummel ist, wenn man so will, eine Art Grand Canyon. Woher der Name kommt? „Die Eiszeit hinterließ im Naturpark eine weitere flämingtypische Besonderheit: ein stark verzweigtes System enger Trockentälchen – die Rummeln", sagt Anke Braune von der Naturparkverwaltung Hoher Fläming in Raben. „Nannte man sie im Magdeburger Raum Ramel oder in Mecklenburg

Rämel, so bedeuten sie doch bei allen so viel wie Rinne oder Furche." Wir tauchen tief ein in die Fläming-Welt, in das Land der Findlinge, Schollen- und Riesensteine. Am Sonntagmorgen warten dann Neuendorf, Niemegk, Dahnsdorf, Preußnitz im Tal. Schöne Dorfkirchen allerorten und ländliche Idyllen flankieren den Weg. In Bad Belzig endet die Burg- und Talfahrt, die Regionalbahn schiebt uns zurück in die Stadt. Am Abend läuten die Glocken daheim in Babelsberg, der Regen kommt endlich und die Dämmerung bricht herein. Tropfen trommeln auf den Dächern, irgendwo bellt ein Hund. Schöner, vertrauter Klingklang, aber eigentlich würde ich jetzt gerne dabei sein, wenn sich Esel, Schafe und Garrey gute Nacht sagen.

DIE ROUTE

Karte: Stepmap, MAZ-Grafik: Scheerbarth

Neuendorfer Rummel

SCHNELL-CHECK

START- UND ZIELPUNKT: Die Rundtour beginnt am Bahnhof in Bad Belzig und endet dort. Die Kreis und Kurstadt ist mit der Regionalbahn (RE7) gut erreichbar.

SCHWIERIGKEITSGRAD: Da die Tour durch den Hohen Fläming führt, gibt es ein paar Steigungen und Abfahrten, die aber nicht zu steil sind. Der Weg durch die Neuendorfer Rummel ist zum Radfahren nicht geeignet, man kann entweder schieben oder einen Spaziergang durch das imposante Trockental machen.

LÄNGE: 52 Kilometer (Fahrtzeit rund vier Stunden). Bahnhof Bad Belzig – Bergholz – Grubo – Klein Mahrzehns – Garrey – Neuendorf – Niemegk – Dahnsdorf – Preußnitz – Bahnhof Bad Belzig

DIE STRECKE: Die Strecke der MAZ-Landpartie führt vom Bahnhof in Bad Belzig auf dem Europaradweg R 1 straßenbegleitend nach Grubo, von dort geht es auf einer separaten Radstraße durch Raben und am Fuße der Burg Rabenstein über Klein Marzehns bis Garrey. Hinter dem Ort kann man sein Fahrrad durch die Neuendorfer Rummel schieben (der Untergrund ist teilweise recht schwierig) und dann über einen Waldweg bis Neuendorf weiterfahren. Alternativ führen ein Feldweg bis zur Landstraße nach Neuendorf oder eine Nebenstraße von Garrey nach Neuendorf durch das Gebiet. Von Neuendorf geht es über Niemegk, Dahnsdorf und Preußnitz auf straßenbegleitenden Radwegen und ein kurzes Stück Straße vor Bad Belzig zurück in die Kreis- und Kurstadt. Der Verkehr ist allerdings zeitweise recht stark. Ein Alternativkurs wäre die Verbindung nach Preußnitz über Lühnsdorf und Kranepuhl über Landstraßen. Hier gibt es die GPX-Daten zum Nachfahren.

SEHENSWÜRDIGKEITEN: Die Liste der Sehenswürdigkeiten ist lang. Bad Belzig und Niemegk verfügen über historische Stadtkerne mit sehenswerten Kirchen und Gebäuden. In beiden Städten stehen Postmeilensäulen. In Niemegk ist der Wasserturm einen Besuch wert – er kann auch bestiegen werden. Auf dem Weg findet man viele schöne Dorfkirchen – in Dahnsdorf zeigt eine rustikale alte Uhr die Zeit an. In Raben steht eine offene Feldsteinkirche mit Wandmalereien. Die Burgen Rabenstein und Eisenhardt sind einzigartig in Brandenburg und lassen Geschichte lebendig werden. In Garrey beispielsweise gibt es ein schönes Ensemble mit einem Teich voller Seerosen, einer restaurierten Feldsteinkirche, einem Feldteich am Ortsrand und einem geschickt sanierten Wasserturm mit einem kleinen Museum, Aussichtsplattform und Streichelzoo. Die Rummel - Trockentäler, die sich tief in den Fläming graben – auf der Tour ist Teil der schönen Landschaft auf der gesamten Strecke mit viel Wald und Hügeln. Wie immer warten viele kleine und größere Entdeckungen am Wegesrand wie eine Schutzhütte im Wald, beeindruckende Bäume oder idyllische Fleckchen – jedes Dorf verfügt über sehenswerte Plätze und Bauwerke. Das Naturparkzentrum Hoher Fläming in Raben dient auch als Touristen-Information, wo man Räder mieten kann.

EINKEHRMÖGLICHKEITEN: Bad Belzig und Niemegk verfügen über Einkehrmöglichkeiten, in Dahnsdorf gibt es direkt an der Plane den Fischimbiss Komthurmühle. In Raben (Montag Ruhetag) und Garrey (Mittwoch bis Sonntag ab 14 Uhr geöffnet, bekannt für seine leckeren Torten) gibt es Gasthöfe. Es warten aber auch unterwegs viele schöne Orte, um zu picknicken. Auch am Eingang der Neuendorfer Rummel befindet sich beispielsweise ein Rastplatz.

BADEMÖGLICHKEITEN: Niemegk und Belzig verfügen über Freibäder.

MAZ-TIPP: Die Tour mit einem Abstecher auf eine der Burgen (Rabenstein oder Eisenhardt) oder auf den Wasserturm in Niemegk
(Terminvereinbarung unter Tel. 0151 /17 05 74 86) verbinden.

Wasserturm Garrey

Schlemmertour und Alpenglühen

Radtour rund um Werder (Havel)

Sie möchten durch ein Früchteparadies fahren, eine Runde spendiert bekommen, auf historischen Spuren wandeln und bei dieser Gelegenheit auch gleich durch die Alpen wandern? Dann auf zur MAZ-Landpartie ins Obst- und Weinanbaugebiet rund um Werder (Havel).

Werder (Havel). Ein Platz auf dem Wachtelberg ist das Ahh und Ohh an diesem Nachmittag: Die Terrasse liegt im Rebenmeer wie das Sonnendeck eines Vergnügungsdampfers, der samt Menschentraube genüsslich durch den Tag schunkelt. Es werden Köstlichkeiten aus Flasche und Tiegel serviert, gleich nebenan steht ein Aussichtsturm. Man isst in Sachen Genuss auf der Höhe und die Leute machen „Ahh" und „ohh" bei so viel Schlemmerei. Willkommen im märkischen Bauchladen, Brandenburg hat in diesen Tagen auch in der Obstregion rund um die Blütenstadt Werder (Havel) die Spendierhosen angezogen: Die Speisekammer ist weit geöffnet.

Die MAZ-Landpartie hat am Bahnhof Werder begonnen, Fruchtfolge und Sehenswürdigkeitendichte sind auf der gesamten Tour eng getaktet: Lieblingsplätze und Orte, die zum längeren Verweilen einladen, geben sich die Kuchenschaufel in die Hand. Schon am Wachtelberg, einem der ersten Schlemmerstützpunkte, läuft man Gefahr, dauerhaft vor Anker zu gehen und das Schiff auch nicht wieder so schnell flott zu kriegen. Hier würden nicht einmal James Bond oder Charles Bronson ungerührt durchradeln.

Das Beste ist, man ändert zügig die Strategie: Einfach Kilometer- und Kalorienzähler ausstellen und reinradeln und reinbeißen ins Vergnügen. Es geht nach Petzow, vorbei an der Baumgartenbrücke und dem Schwielowsee. Am Rande des Schlossparkes ist ein Hund ausgebüxt, aber er lässt sich nicht von den Leckerchen des Ordnungsamtes anlocken, er nimmt nichts zu sich – ganz anders als die vielen Ausflügler, die es sich gutgehen lassen.

Ich erreiche die Glindower Alpen, wir waren schon oft hier: Der Ort ist wie ein guter Song, den man immer wieder gerne hört und der nichts von seiner Faszination verliert. Die Täler des früheren Abbaugebietes, das den Ton für die Ziegelindustrie lieferte, kerben sich tief in den Boden. Die Hangwände stehen Spalier, wild begrünte Raumteiler zur Außenwelt. Die verwucherten Alpen sind ein Kontrastprogramm zum Rest der Tour: Sie müssen bewandert werden. Früher stiefelten Bergarbeiter das Gelände ab, jetzt Wanderer. Auf dem Werksgelände gibt es ein Museum und einen Brennofen, der aussieht wie ein riesiger, runder Römertopf.

Es ist ein schöner, warmer Nachmittag. Der Sommer verabschiedet sich mit viel Sonne, ich gerate ins Schwitzen – Alpenglühen der speziellen Art. Die Sonne brennt nicht mehr wie Abc-Salbe auf der

Haut wie in ihren hitzigsten Phasen, sondern wärmt sanft und verfeinert das Rundum-Sorglos-Paket. Ich schlängele mich einen Berg hinauf durch Glindow nach Elisabethhöhe und dann zur Optischen Telegrafenstation auf dem Fuchsberg.

Der Signalmast ist schon von Weitem zu sehen, die Holzarme ragen in den Himmel. Angesichts der Kommunikationsflut im 21. Jahrhundert kaum zu glauben, dass man sich früher von Bergen mit Brettern zugewinkt hat und am Ende der fast 600 Kilometer langen Kette nach viel Gewinke quer durch das Land eine Nachricht in der Rheinprovinz rausgewackelt wurde: „Läuft bei mir, dein Friedrich Wilhelm." Man mag sich gar nicht ausdenken, was passiert ist, wenn sich mal jemand verwackelt hat – vielleicht, weil ihn eine Wespe gestochen hat oder Obstwein im Spiel war und beispielsweise in die königliche Depeche „läuft bei mir" ein „nicht" geraten ist.

Es ist ein schöner Ort, mit Aussicht, Eiche und Infotafel. Der Wind pfeift über die Anhöhe, über Obstplantagen, bevor er ins Tal weiter zieht. Von hier oben kann man gut sehen, woher man kommt und wohin man will: Der Schornstein in Werder am Bahnhof ist Start und Ziel, in der Ferne thront der Funkturm in Phöben – die letzte Zwischenstation der Tour. Ich rolle durch das Obstanbaugebiet Richtung Plessow und springe kurz in den gleichnamigen See.

Hinter der Autobahn geht es links nach Derwitz zum Lilienthal-Denkmal. Historischer Boden mit einem Blick weit ins Land – genau wie wenig später auf dem Phöbener Wachtelberg. Das Haveltal reckt sich ins Bild, der Aussichtspunkt ist ein fast surrealer Ort: Feiner Zuckersand bedeckt die Freifläche, ein Art Strand hoch oben auf dem Berg mit Aussicht, die phänomenal ist – nur zum Wasser ist es ziemlich weit. Es geht nun zurück nach Werder, dem Schornstein entgegen, die Anzeigetafeln auf dem Bahnhof funkeln in der Dämmerung.

Am Potsdamer Hauptbahnhof schiebe ich das Rad am Frucht-Express vorbei, einem Obst- und Gemüseladen mit regionalen Produkten, einer Art Außenstelle des Früchteparadieses. Von Express bin ich weit entfernt, eher eine feierabendreife Tafeltraube, Spätlese. Die Satteltasche beult sich gierig, als hätte man eine Gitarre reingestopft. Eigentlich hätte ich aus versorgungstechnischen Gründen gar nicht ausreiten müssen in das Land, in dem Obstwein, Sanddornsaft und Honig fließen, aber selber auf Schlemmertour zu gehen in diesen Tagen, in denen Brandenburg eine Mischung aus Obsttorte, Streuobstwiese und Riesen-Fruchtkorb ist, ist eben doch das Ahh und Ohh.

Inselstadt Werder

*Wachtelberg
Werder (Havel)*

START- UND ZIELPUNKT: Die Rundtour beginnt am Bahnhof in Werder (Havel) und endet auch dort. Die Stadt ist mit der Regionalbahn sehr gut erreichbar – die Züge aus Brandenburg an der Havel und Berlin fahren im 30-Minuten-Takt. Vom Potsdamer Hauptbahnhof benötigt der Zug lediglich zehn Minuten. Teile der Route (beispielsweise in Petzow) gehören zum Obstpanoramaweg, zum Europaradweg R1, zum Fontaneradweg und zur D-Tour – einem deutschlandweiten System von zwölf Radfernwegen.

SCHWIERIGKEITSGRAD: Es gibt ein paar Steigungen und Abfahrten auf der Strecke, die aber keine großen Hindernisse darstellen.

LÄNGE: 37 Kilometer (Fahrtzeit drei bis vier Stunden). Bahnhof Werder – Petzow – Glindow – Elisabethhöhe – Plessow – Kemnitz – Derwitz – Phöben – Havelauen – Bahnhof Werder

DIE STRECKE: Die MAZ-Landpartie führt vom Bahnhof in Werder auf einem straßenbegleitenden Radweg nach Petzow. Von dort führt eine asphaltierte Radstraße durch den Wald zu den Glindower Alpen. Durch Glindow und Elisabethhöhe geht es auf Straßen und teilweise auf Feldwegen zur optischen Telegrafenstation. Die MAZ-Route führt auf einem Stück straßenbegleitenden Radwegs nach Plessow und von dort auf einem recht schotterigen Stück zur Landstraße nach Derwitz (Alternativroute über Neu Plötzin an der B1 entlang). Von Derwitz nach Kemnitz geht es auf einer mäßig befahrenen Landstraße, nach Phöben auf einem gut befahrbaren Plattenweg und nach Werder auf einem straßenbegleitenden Radweg.

SEHENSWÜRDIGKEITEN: Die Tour ist vollgepackt mit Sehenswürdigkeiten wie kaum eine andere MAZ-Landpartie: Bereits in Werder warten mit der Bismarckhöhe, dem Wachtelberg und der Altstadt auf der Insel samt Bockwindmühle lohnenswerte Ausflugsziele und Aussichtspunkte. Auch Petzow mit Kirche, Schloss und Schlosspark ist sehr schön. Die nur wenige Kilometer entfernten Glindower Alpen gehören sicher zu den spannendsten Biotopen der Region. Die optische Telegrafenstation auf dem Fuchsberg bietet nicht nur einen schönen Blick ins Land und über die Obstplantagen, sondern ist auch ein sehr interessantes Kapitel der deutschen Kommunikations-Geschichte – eine Infotafel klärt den Besucher über die spannende Historie der Anlage auf. Das Lilienthal-Denkmal in Derwitz verbindet ebenfalls einen weiten Blick ins Land mit einer spektakulären Historie.

In den Dörfern gibt es schöne Dorfkirchen: In Plessow beispielsweise steht eine neugotische Feldsteinkirche im Tudorstil. Die Freifläche auf dem Phöbener Wachtelberg mit einem Blick weit ins Haveltal ist ebenfalls ein besonders reizvoller Ort, der mit seinem weichen Sandboden auch für ein Picknick geeignet ist. Die Landschaft mit ihren Seen, Wäldern und Hügeln ist auf der gesamten Tour sehr abwechslungsreich und reizvoll.

EINKEHRMÖGLICHKEITEN: Es ist praktisch unmöglich, nichts Passendes für den persönlichen Geschmack zu finden. Es gibt auf der gesamten Tour Einkehrmöglichkeiten und auch schöne Orte, um zu picknicken – beispielsweise auf der Telegrafenstation oder auf dem Phöbener Wachtelberg.

BADEMÖGLICHKEITEN: An der Strecke befinden sich mehrere Badestellen, unter anderem am Glindower See und am Großen Plessower See.

MAZ-TIPP: Ordentlich Platz in den Satteltaschen lassen und sich durchs Früchteparadies treiben lassen.

DIE ROUTE

Karte: Stepmap, MAZ-Grafik: Scheerbarth

Auf Schmugglerpfaden

Mit dem Rad von Wittstock an die Müritz

Diese Radtour führt über die märkische Landesgrenze nach Mecklenburg-Vorpommern. An Deutschlands größtem See lohnt es sich, auch mal den Sattel gegen den Platz auf einem Schiffsdeck zu tauschen, um maritimes Flair zu schnuppern.

Wittstock. Ein Lufthauch streicht über das Deck der MS „Diana", leicht wie ein fliegender Teppich, als das Linienschiff von Röbel Kurs auf die See nimmt: Weil eine Nachwuchsregatta läuft, schippern kleine Boote um den Dampfer, wie Einlegerboote einst in Übersee um ein Entdeckerschiff. Der Mann am Mikrophon moderiert im feinsten mecklenburgischen Idiom. Am schönsten ist das Wort „Seejhhadlää", als der Greifvogel steuerbord beim Naturschutzgebiet Großer Schwerin aufkreuzt. Ein lieber Gruß aus der Kindheit – Käpt'n Blaubär hätte es nicht schöner sagen können, während die Sonnenstrahlen auf dem Wasser irrlichtern. Blaupause quasi beim maritimen Zwischenspiel während der MAZ-Landpartie, als wir bei der Tour von Wittstock nach Waren ein Teilstück über die Müritz per Schiff zurücklegen.

Wir sind am Morgen mit dem Regionalexpress in Potsdam gestartet. Es ist gar nicht so einfach, Ländergrenzen mit dem passenden Bahnticket zu überqueren – bei der Tarif-Kleinstaaterei der vielen Verkehrsverbünde. Ich bin froh, dass wir der Mark unkompliziert per Fahrrad hinter Wittstock auf Wiedersehen sagen. Die Dossestadt ist im Zuge der Landesgartenschau 2019 noch einmal aufgeblüht. Aus dem ohnehin sehr gut erhaltenen historischen Stadtkern (mit Mauer und Bischofsburg) ist ein Abenteuerland mit vielen Spielplätzen und Kunstobjekten geworden. Dahinter beginnt die Weite, wir streifen durch die Schmugglerheide: Vielleicht haben die Schwarzhändler damals einfach nicht den richtigen ÖPNV-Tarif gefunden (vermutlich ein Kombiticket Postkutsche Königreich Preußen BC/Herzogtum Mecklenburg AB oder so), sind deshalb zu Fuß durch die Heide gewandert und bei diesen Touren durch die dünn besiedelte Region auf ihre Geschäftsidee gekommen. Bis 1867, als Mecklenburg dem Deutschen Zollverein beitrat, schleusten Schmuggler ein, was es in Preußen nicht gab oder teurer war als nebenan.

Die wald- und seenreiche Landschaft, die in Dranse beginnt, verschluckt uns. Wir treiben mit wenig Raumgewinn durch das Land, es ist schließlich Freitagnachmittag. Trödeln hier und dort, fotografieren, picknicken, schwatzen mit Einheimischen und springen in das kristallklare, kalte Wasser des Dransesees. Eine Mischung aus Erfrischung und Härtetest. Das Schiff nach Waren, das wir eigentlich in Rechlin erreichen wollten, ist längst weg, wir verpassen als Bonus der Trödelei auch den letzten Nationalparkbus des Tages und strampeln durch die Dunkelheit Richtung Waren.

Die Bäume des Schutzgebietes knarzen in dunkelsten Tönen: Der Käflingsbergturm mit seiner Fernsicht, die wilden Moore, Seen und Schilflandschaften ziehen dieses Mal ungesehen vorüber. Dafür rascheln um diese Uhrzeit die Tiere im Wald, und man hofft, dass es keine Schmuggler sind, die ein bisschen spät dran sind, oder Wesen aus „Jumanji". Im Glanz der Straßenlaternen reiten wir gegen 21.30 Uhr in Waren ein.

Am nächsten Morgen kreischen unten im Hafen Möwen den Tag wach. Sittin' on the dock of the bay. Leinen los in der Morgensonne, wir schiffen uns am Hafen in Waren ein. Wassermusik und tiefes Blau, den Alltag hochauflösend – die Müritz mit ihrer steifen Brise ist ein Weichspüler für Seele und Geist. Von Rechlin geht es am Westufer zurück nach Waren.

Die weite Landschaft ist ein Kontrastprogramm zum waldreichen Osten: Hügelketten umringen das Ufer – als hätte sie ein weitsichtiger Landschaftsarchitekt aufgeschüttet – und sorgen für Panoramablicke auf das Binnenmeer, Deutschlands größten See. In Ludorf gibt es Essen von Michelin-Sternen-dekorierten Köchen, kulinarisches Neuland für mich: Die Heidelbeereierschecke ist Genuss, voll und rund wie der Michelin-Mann – deshalb heißt der Restaurant-Tester also so. Der Herbstwind schiebt schon Kreisel mit trockenem Laub durch den Schlosspark und patscht gutmütig nach Speisekarten und Untersetzern. Bald wird er es ungestüm tun, im Gegensatz zu uns, als wir angenehm entschleunigt wieder in den Sattel steigen.

Am Sonntagmorgen endet der Grenzgang im Fahrradabteil, hinter den Fensterscheiben breiten Brandenburgs Wälder ihre Arme aus. Kiefern stehen Spalier wie ein immergrünes, herzliches Begrüßungskomitee des Landes der unbegrenzten Entdeckungs-Möglichkeiten, in dem wir Urwälder, Wanderdünen und Mammutbäume haben. Wir erreichen Fürstenberg. Ein paar Kilometer entfernt in Himmelpfort gibt es das Weihnachtspostamt und den Wunschzettelbriefkasten. Ich weiß auch schon, was ich in diesem Jahr draufschreiben werde: Dass wir unsere Autos nicht unnötig laufen lassen (ist übrigens eine Ordnungswidrigkeit), wenn wir an der Bahnschranke stehen, nebenan mit einem Bekannten quatschen oder im Navi vergeblich den Zielort suchen. Dass wir begreifen, dass wir das ewige Eis inzwischen fast geschmolzen haben, dass die Natur nicht ewig währt, wenn wir sie nicht erhalten. Dass wir überlegen, ob wir ins Flugzeug steigen und Mutter Erde vors Schienbein treten oder in eine Fahrradpedale. Denn schon ist der Himmel wieder von Kondensstreifen übersät, sorgen die Temperaturen seit August für Unbehagen. Ich wünsche mir, dass in der Tagesschau täglich die Klimadaten der Erde laufen statt der Börsenkurse. Man wird ja wohl noch träumen dürfen.

Der Zug rollt durch Oberhavel und Berlin, dann legen wir in Babelsberg an, dem Heimathafen, und gehen vor Anker auf der Couch, der Endlagerstätte des Tages. Irgendwie fährt man ja auch weg, um wieder heimzukommen. In der Wohnung war ein Fenster offen, ein Windstoß hat den wackligen Ficus umgeschmissen, er liegt der Monstera in den Armen. Egal. Zu Hause ist es trotzdem am schönsten. Bis man wieder auf Landpartie geht.

DIE ROUTE

Karte: Stepmap, MAZ-Grafik: Scheerbarth

Aussichtspunkt bei Röbel

Schifffahrt auf der Müritz

START- UND ZIELPUNKT: Die Rundtour beginnt am Bahnhof in Wittstock und endet am Bahnhof in Waren. Die Dossestadt ist mit der Regionalbahn erreichbar – allerdings beträgt die Fahrzeit aus Potsdam über Wittenberge und Pritzwalk etwas mehr als drei Stunden. Die schnellste Verbindung von Waren zurück nach Potsdam dauert rund zwei Stunden.

SCHWIERIGKEITSGRAD: Es gibt ein paar Steigungen auf der Strecke und die Landpartie ist lang, aber wenn man sich etwas mehr Zeit nimmt und das Pensum durch eine Bus- oder Schiffsfahrt vielleicht etwas verkürzt, ist die Tour auch für ältere Menschen und Kinder geeignet.

LÄNGE: Es gibt zwei Auswahlmöglichkeiten für die Tour: Man kann, von Wittstock startend, auf beiden Seiten der Müritz nach Waren fahren. In Röbel oder am Hafendorf in Rechlin kann man außerdem per Schiff oder Bus (mit Fahrrad-Anhänger) die Reise zum Endpunkt Waren fortsetzen und die Streckenlänge deutlich verkürzen.

Variante eins: 89 Kilometer (über Röbel, am Westufer der Müritz entlang, Fahrtzeit rund sechs Stunden). Bahnhof Wittstock – Klein Haßlow – Groß Haßlow – Dranse – Kuhlmühle – Sewekow – Ichlim – Troja – Krümmel – Lärz – Neu Gaarz – Vipperow – Zielow – Ludorf – Röbel – Marienfelde – Gotthun – Zierzow – Sietow Dorf – Sembzin – Klink – Eldenburg – Campingpark Kamerun – Bahnhof Waren

Variante zwei: 77 Kilometer (durch den Nationalpark, am Ostufer entlang, Fahrtzeit rund fünf Stunden). Bahnhof Wittstock – Klein Haßlow – Groß Haßlow – Dranse – Kuhlmühle – Sewekow – Ichlim – Troja – Krümmel – Lärz – Rechlin – Rechlin Nord – Boek – Käflingsbergturm – Speck – Schwarzenhof – Federow – Bahnhof Waren

DIE STRECKE: Variante 1, Bahnhof Wittstock – Bahnhof Waren (über Röbel). Die MAZ-Landpartie führt vom Bahnhof in Wittstock auf einem straßenbegleitenden Radweg nach Klein Haßlow, über eine ruhige Landstraße weiter nach Groß Haßlow und über Feld- und Waldwege nach Dranse. Von dort geht es auf einem Mix aus straßenbegleitenden Radwegen, Landstraßen, Feld- und Waldwegen sowie Radstraßen nach Lärz. Von hier wird die Fahrt auf dem gut ausgebauten Müritz-Radrundweg entweder über Röbel (Westufer, viele asphaltierte Teilstücke) oder Rechlin/Boek durch den Nationalpark, (viele Stücke mit Kies-Sand stabilisiertem Radwegebelag) fortgesetzt nach Waren. Es kann problemlos individuell variiert werden – beispielsweise, wenn man von Rechlin oder Röbel mit dem Schiff oder Bus nach Waren weiterfährt. Es gibt immer mal wieder Steigungen auf der Strecke.

SCHNELL-CHECK

SEHENSWÜRDIGKEITEN: Die Städte Wittstock, Röbel und Waren mit ihren historischen Stadtkernen verfügen über viele Sehenswürdigkeiten. Die Landschaft ist auf der gesamten Tour reizvoll, mit viel Wasser und idyllischen Orten.

Wittstock: historische Altstadt, gut erhaltene Stadtmauer (mit Wall- und Grabenzone), St.-Marien-Kirche, Parkanlagen und die alte Bischofsburg.

Röbel/Müritz: Bürgergarten, St.-Marien-Kirche mit Aussichtsplattform und St. Nikolaikirche, Hafen mit Promenade, Fahrgastschifffahrt, Müritz-Therme, Holländermühle mit einem schönen Blick über Röbel.

Waren: historische Altstadt, St. Marienkirche mit Turmbesteigung, St. Georgenkirche, Müritzeum – Haus der 1000 Seen, Fischereimuseum, Marinemuseum, Stadthafen, Fahrgastschifffahrt nach Rechlin, Klink und Röbel. Von hier fahren auch die Nationalpark-Shuttlebusse ab. Im Schutzgebiet gibt es neben viel Natur beispielsweise in Federow eine Adlerbeobachtungsstation und den Aussichtsturm auf dem Käflingsberg bei Speck. In Rechlin Nord befindet sich das luftfahrttechnische Museum. Es gibt in vielen Dörfern Häfen, Bootsverleihstationen und schöne Kirchen.

Ein Schmuckstück ist die Oktogonkirche in Ludorf bei Röbel, gleich nebenan befinden sich das Gutshaus und ein schöner Park. In der Nähe hat man von einer Aussichtsplattform einen tollen Ausblick auf das Naturschutzgebiet „Großer Schwerin". In Klink sind unter anderem das Schloss, das Gutshaus und das Torhaus sehenswert, auch der Hafen mit Fahrgastschifffahrt lohnt einen Abstecher. Auf der gesamten Tour warten Naturschönheiten. Im Nationalpark führt der Radweg durch urige Wälder, imposante Moore und an kristallklaren Seen vorbei. Hier leben Kraniche, Hirsche und Seeadler. Am Westufer dagegen ist die Landschaft weit und hügelig: Viele Aussichts- und Picknickpunkte laden zum Verweilen ein. Wenn man sich nicht entscheiden kann, beide Seiten entdecken – es lohnt sich.

EINKEHRMÖGLICHKEITEN: Es gibt viele Lokale entlang der Strecke, es dürfte sich für jeden Geschmack die passende Speisegaststätte finden lassen. Auf der Tour befinden sich auch schöne Orte, um zu picknicken – beispielsweise findet man am Westufer viele Rastplätze mit herrlicher Aussicht auf die Müritz.

BADEMÖGLICHKEITEN: An der Strecke liegen viele Badestellen – inklusive des tollen Blickes auf die Müritz. Auch das Wasser des Dransesees ist sehr klar und es gibt eine schöne Badestelle.

MAZ-TIPP: Die Tour mit einer Schiffspartie verbinden und vom Hafendorf Rechlin oder von Röbel mit dem Schiff nach Waren fahren (auf Linienschiffen werden die Räder generell gegen einen Aufpreis von vier Euro mitgenommen).

NOTIZEN

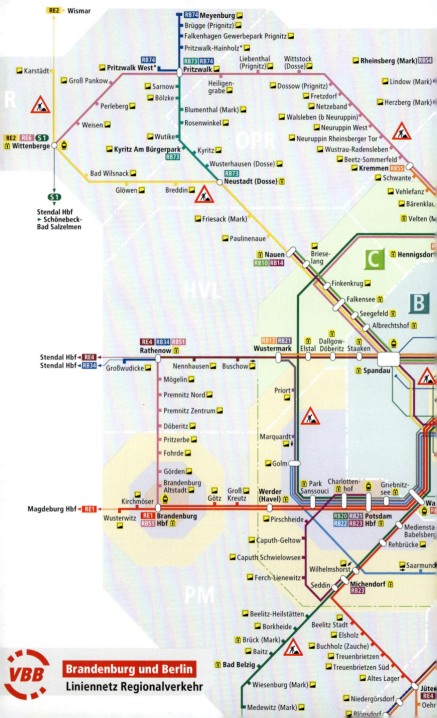